中华武术典籍珍藏

「十四五」国家重点出版物出版规划项目
国家古籍工作规划项目
国家古籍整理出版专项经费资助项目

中国武术研究院院藏清抄本校释

叁

第三卷

国家体育总局武术研究院　编写
中国武术协会　审定

北京体育大学出版社

丛书策划编辑：孙宇辉　钱春华
丛书责任编辑：吴　珂
本卷责任编辑：陆继萍
本卷责任校对：吴　珂
封 面 设 计：王齐云
版 式 设 计：北京华泰联合图文设计制作中心

图书在版编目（CIP）数据

中国武术研究院院藏清抄本校释．第三卷，《增删梨花枪谱》《大宋杨氏枪谱》《枪点》《名枪谱》《奇枪谱》《枪论》/ 国家体育总局武术研究院编写．-- 北京：北京体育大学出版社，2024. 5. --（中华武术典籍珍藏）.
ISBN 978-7-5644-4121-0

Ⅰ. G852

中国国家版本馆 CIP 数据核字第 20240Q59B6 号

中国武术研究院院藏清抄本校释　第三卷
ZHONGGUO WUSHU YANJIUYUAN YUANCANG QINGCHAOBEN JIAOSHI DI-SANJUAN
国家体育总局武术研究院 编写

出版发行：北京体育大学出版社
地　　址：北京市海淀区农大南路 1 号院 2 号楼 2 层办公 B-212
邮　　编：100084
网　　址：http：//cbs.bsu.edu.cn
发 行 部：010-62989320
邮 购 部：北京体育大学出版社读者服务部 010-62989432
印　　刷：北京瑞禾彩色印刷有限公司
开　　本：880mm × 1230mm　1/32
成品尺寸：143mm × 210mm
印　　张：20
字　　数：423 千字
版　　次：2024 年 5 月第 1 版
印　　次：2024 年 5 月第 1 次印刷
本册定价：148.00 元
丛书定价：998.00 元

中华武术典籍珍藏·中国武术研究院院藏清抄本校释编委会

顾　　问： 江百龙　张　山　陈国荣　骈宇骞

编委会主任： 张玉萍　张　剑

编委会副主任： 李永强　陈　冲

编委会委员： 王立峰　冯宏芳　许　猛　孙宇辉　李　飞　吴　珂　肖志民　罗为民　郭晓勇

（以上按姓氏笔画排序）

主　　编： 周伟良　胡玉玺

副 主 编： 田文林

编　　委： 田文波　李远伟　杨红光　杨祥全　杨　强　余水清　罗时铭　耿　彬　程大力

第一卷

执行主编：耿　彬

编　　委：李远伟　杨红光　杨　强

第二卷

执行主编：杨红光

编　　委：李远伟　杨　强　耿　彬

第三卷

执行主编：李远伟

编　　委：杨红光　杨　强　耿　彬

第四卷

执行主编：杨　强

编　　委：李远伟　杨红光　耿　彬

第五卷

执行主编：杨红光

编　　委：李远伟　杨　强　耿　彬

第六卷

执行主编：杨　强

编　　委：李远伟　杨红光　耿　彬

第七卷

执行主编：耿　彬

编　　委：李远伟　杨红光　杨　强

第八卷

执行主编：李远伟

编　　委：杨红光　杨　强　耿　彬

前言

武术，作为中华优秀传统文化的重要组成部分，是中华民族的智慧结晶，承载着中华民族的精神追求。自古以来，武术不仅是一种强身健体、自卫防身的技艺，更是一种修身养性、弘扬民族精神的文化载体。

习近平总书记在二〇二三年六月二日文化传承发展座谈会上的讲话中说道：『文化关乎国本、国运。只有立足波澜壮阔的中华五千多年文明史，才能真正理解中国道路的历史必然、文化内涵与独特优势』。中华民族的文化自信是建立在五千多年不间断文明传承基础上的。在推进中国式现代化建设的征程上，我们要找准中华文化的根和魂，坚定中国特色社会主义道路自信、理论自信、制度自信、文化自信。

一九八三年至一九八六年，国家体育运动委员会武术挖掘整理领导小组统一部署，各级体育运动委员会武术挖掘整理工作小组积极参与，全国八千余名专职武术工作者和业余爱好者被动员起来，开展了我国武术发展史上空前的『普查武术家底，抢救武术文化遗产』工作。经过三年努力，为收集保存武术文物、史料而开展的『献拳经拳谱、献兵械实物、献功法技艺』的『三献』活动，收集了一批文献资料、古兵器和其他实物，丰富了武术文物资料库。

拳谱典籍，作为中华文明历史长河中的珍贵文献，记录了武术的原始形态与发展脉络，它们是武术传承的见证，更是领略与参详古代武术文化思想和技艺传承的宝贵资料。然而，由于时代的变迁和语言的演变，这些拳谱对现代人来说，往往难以直接阅读和理解。因此，在新时代对这些抄本进行校释，不仅是对优秀传统文化的尊重，也是对武术发展的贡献。

本次校释工作，由国家体育总局武术研究院发起组织，精选出三十四份三十一种清代拳械技理抄本，委托郑州大学体育学院（现为河南体育学院）的多位武术学者和专家共同完成，北京体育大学出版社作为出版方协助编辑出版。他们秉持严谨求实的态度，历经长期艰苦的工作，对原稿进行了细致的校勘与注释，使这些珍贵的历史文献得以更加清晰、准确地呈现在读者面前。希望这些努力能够让更多的人了解武术的精髓，感受武术的魅力。

中华武术典籍珍藏·中国武术研究院院藏清抄本校释的顺利出版得益于二〇二三年度国家古籍整理出版专项经费的资助，这是武术类古籍编辑出版首次被该项目立项支持，体现了国家对于优秀传统文化的重视与扶持。同时，本丛书被列为『十四五』国家重点出版物出版规划项目，以及二〇二一年至二〇三五年国家古籍工作规划重点出版项目。

本丛书的出版，不仅为武术理论研究提供了『考镜源流』的史料支撑，也意味着一批清代武术珍本首次面世，对传承武术技艺、弘扬传统武术文化具有深远的影响。同时我们也要看到，对武术源流与发展的探究是一个既复杂又漫长的系统工程，武术古籍点校出版与后续的研究工作，仍然任重而道远，必须继续推进、不断深化。

武术的传承发展与中华民族的伟大复兴息息相关，从戚继光『抵御外侮』的壮志豪情，到中央国术馆『御侮图存』的精神追求，再到新时代基于文化自信的传统武术振兴实践，中华武术无疑是中国人自强不屈精神的生动体现与巩固中华文化主体性的坚强堡垒。我们愿与社会各界一起，深入探源在中华文明波澜壮阔发展历程中与之相伴相生的武术发展脉络，把武术历史研究引向深入。

饮水思源，不忘本初。本丛书的出版，离不开国家体育总局武术研究院历任领导的关心与关怀，他们的远见卓识和坚定支持，为丛书的编辑和出版奠定了坚实的基础。同时，也离不开众多国内外武术学者和专家的无私指导与贡献，在此不逐一列举。我们特别要向四十年前那些在武术挖掘整理工作中慷慨捐赠武术典籍的人士致以最诚挚的敬意和衷心的感谢。正是他们的无私奉献和慷慨支持，极大地丰富了武术历史研究的资料宝库，为武术文化的传承注入了不朽的精神。

总之，《中华武术典籍珍藏·中国武术研究院院藏清抄本校释》的出版，既是对武术文献典籍的系统梳理，也是对中华文化主体性在武术领域的深刻阐释，更是对传统武术文化的礼敬。愿本丛书的问世能够激发更多人对武术历史的兴趣与热爱，吸引更多人来保护、研究和传承这份珍贵的文化遗产。

古籍文献的整理不可能一蹴而就，本丛书必定会存在一些不足，希望读者批评指正。

国家体育总局武术研究院

二〇二四年六月

编者的话

历史是过去发生过的事情，已经一去不复返。人们既无法使历史重演，也无法回到逝去的年代，身临其境地去感受和体验当时的场景。因此，人们想了解和研究自己的过去，只能借助前人留下的各种『痕迹』。正是凭借这些『痕迹』，后人才可以追溯祖先的足迹，认识人类社会的各个发展阶段，进而探讨其历史发展的规律。前人留下的历史痕迹形式多样，除了传承下来的生活方式、手工技艺、实物遗存以及思想观念等外，还有大量的文献典籍。以文字符号为特征的文献传播，是一场巨大的社会进步，有力地推动了人类知识的积累与传承。中华典籍源远流长，浩如烟海。它们记录了中华文明的发展历程，也是中华文化的重要载体与组成部分！

武术是由华夏文明长期氤氲滋养而发展起来的传统人体活动方式，折射着漫长岁月里武林先辈的智慧和中华优秀传统文化的基本精神。多少年来，中华武术的价值取向、人文精神和活动样式，引起无数习武者『衣带渐宽终不悔』的折腰苦求，从而积淀了博大精深的文化载量和一以贯之的文化命脉，成为实现中华民族伟大复兴的重要基础。在蜿蜒的历史长河中，先辈们在为后人传承各种拳械技艺的同时，还留下了一批弥足珍贵的武术典籍。林林总总的武术典籍，有的辑录于各类官私文乘，也有的独立成册；有的付梓刊印，也有的传抄存世。但漫长的岁月荡涤与时代更迭，造成了大量武术图籍的流失和散佚。历史上，如汉书·艺文志中记录的剑道三十八篇和手搏六篇，南北朝时的马槊谱，以及明人汪伯言编撰的白打要诀六卷等，均已湮没在历史的尘埃中。宋人周密曾在齐东野语卷十二中有言曰：『世间凡物未有聚而不散者，而书为甚。』由于天灾、战乱以及人为毁坏等多种原因，历史长河里流传至今的武术文献可谓吉光片羽，为数不多，我们可于此窥得前代中华武术的技艺踪影，领略中华武术曾经的文化风采，所以武术文献典籍具有很高的学术价值。

二十世纪七十年代末，当时的国家体育运动委员会（以下简称『国家体委』）下发了一个有关武术挖掘整理工作的文件，并在稍后的一九八二年全国武术工作会议上，明确提出『做好武术挖掘整理工作』，随后成立专门机构，制定了至一九八五年底的武术挖掘整理工作计划。当时全国共有二十八个省、自治区和直辖市先后成立了武术挖掘整理工作小组〔一〕。历经三年，国家体委武术挖掘整理工作组共收到捐献的文献资料四百八十多本，古代兵器近四百件，相关实物三十余件，以及约四百小时的技术录像，充分反映出当时各界人士对于这次国家层面的武术挖掘整理工作的支持。针对其中捐献的文献资料，一九八六年时任国家体委武术研究院院长的徐才先生在全国武术挖掘整理工作总结表彰会上明确表示，要把这批文献资料收藏好、利用好，今后的工作重点是整理、研究，准备制订科研计划，以此提高武术研究水平，他还特别强调，『不能把这些宝贵资料放在柜子里尘封起来，要通过整理、

〔一〕徐才：徐才武术文集，人民体育出版社，一九九五，第二四页。

研究发表出来。』〔一〕

应该说，武术界广大人士在为这三年武术挖掘整理工作取得的成果感到高兴的同时，更为当时国家体委武术研究院领导提出的利用好这批武术文献资料的设想而深受鼓舞。因为，如果说农耕社会中传统武术的发展主要靠一种原发型的实践积累，那么进入近代社会后，其发展方式就要求转变为在理论观照下的主动推进。记得一九八六年四月，时任国家体委主任李梦华先生曾说过这样一段富有见地的话：『我国目前开展着四五十个体育项目的活动，其中包括武术。可以这样统计体育项目的数字，但这并不标志着武术位置是四十分之一或五十分之一。可不可以说它在体育中应占一半的位置。』〔二〕无疑，李梦华先生所谓的『一半』，当是指武术特有的历史文化。武术之所以不同于田径、体操、球类等运动项目而能单独成为一门具有自己的研究范畴和自成畛域的学术领域，也就在于它自身特有的历史人文背景。令人遗憾的是，长期以来的文献资料的匮乏以及相关研究的不足，已成为严重阻遏包括历史、文化在内的整个武术人文社会学科研究纵深发展的一个瓶颈，如不加以克服，显然不利于中华武术在新的历史条件下的发展；如长此以往，拥有『统之有宗，会之有元』的中华武术文化根脉就会逐渐发生动摇，中华武术的精神家园就会因此委顿！

众所周知，从事以历史学为基础的人文社会学科研究，文献史料是关键。对此，梁启超在中国历

〔一〕徐才：徐才武术文集，人民体育出版社，一九九五，第六一至六六页。

〔二〕徐才：徐才武术文集，人民体育出版社，一九九五，第九一页。

史研究法一书中曾有一个形象的比喻，他说，治玄学者与治神学者无须资料，不必以客观公认的事实为依据，而治科学者，无论是自然科学还是社会科学，『罔不恃客观所能得之资料以为其研究对象』，各学科也莫不将史料建设作为理论研究的首要任务。

近代以降，民国时期著名武术史学者唐豪编撰出版了他『殆费十余载』搜寻考订的中国武艺图籍考，该书对一些古代武术文献条分缕析，可谓是我国武术文献整理与研究的开山之作；国家体委于二十世纪五十年代，组织人力整理出版的七册中国体育史参考资料中也有部分关于武术史料方面的内容。但自此以后，武术典籍在相当长的时间里一直没有得到应有的重视，几乎成为一个武术界少有人问津、文史界又无人涉足的学术盲区。直至二十世纪八十年代中期，随着武术理论研究的展开，有关武术文献典籍的整理才引起一些学者的关注。如有人点校了戚继光的纪效新书（一九八八年），有人出版了正宗少林拳经（一九八八年）及增订手臂录（一九八九年），还有人整理、注释了太极拳谱（一九九一年）等。十多年中，武术文献典籍的出版数量有所增加，如山西科技出版社与北京科技出版社陆续出版了多种类型的武学丛书，如『老拳谱辑集丛书』『古拳谱丛书』『国术丛书』等，人民体育出版社出版了中国古典武学秘籍录（二〇〇六年）和易筋经四珍本校释（二〇一一年）等。尤其是二〇〇八年至二〇二四年间，由中国书店影印出版的民国国术期刊文献集成和百册之巨的中国武术大典，由台湾逸文武术文化有限公司影印出版的清代易筋经珍本汇辑和齐鲁书社出版的中国古代武艺珍本丛编（上、下辑）及明清武术典籍珍本辑释，二〇二四年初由北京体育大学出版社出版的民国武术文献选刊等，最为引人注目。应该说，这些武术文献的刊印对于武术文献的整理乃至相关研究所起到的作用，是不言而喻的，它们为武术学科的发展注入了新的活力。尽管以上诸书大多为文献汇集，系统整理者少，深入研究者更少，有些文本的校释还存在这样那样的不足，但任何学术领域的形成、成熟总有一个过程。值得肯定的是，武术文献的整理、研究在摆脱了长年的沉寂后终于有了启动。

对于现藏于国家体育总局武术研究院的四百多份本文，在二十世纪八九十年代，因研究之需，本人曾有机会阅览过两次。这批文本品相不一，按其形式分为刊印本与抄本两种，其年代横跨古代（清代）、近代（民国时期）和现代（一九五〇年后）三个时期。而其内容更为驳杂，其中大部分为记述各类拳械技法技理的拳谱图籍，也有早些时候各地出版的武术刊物，另有一些医治跌打损伤类的药方集，还有旨在强身的导引功法类汇辑，其中甚至夹杂数本诸如西洋拳术及空手道之秘诀等非武术类图籍。

文献典籍是中华文化的重要载体，它记录了中华民族的辉煌历程，并延续着中华民族的精神和文化血脉。然而，前代文献的种种价值，只有通过整理、阐释与研究才能得以体现，这是对『存储于原载体材料上的内容进行一次再转移与再迁徙』〔一〕，本身也是一个文本经典化的过程。对于国家体育总局武术研究院现藏的这批文献，也当作如是观。为此，本人曾以口头及书面形式，多次向国家体育总局武术研究院主管领导建议：尽快遴选有关专家来整理、注释这批文献，使其发挥应有的价值作用。经国家体育总局武术研究院领导认真研究，同意了本人的建议，决定点校四百多份文本中的抄本部分，

〔一〕耿相新：中原文献整理史稿·序二，载王钢中原文献整理史稿，中州古籍出版社，『序二』第三页。

并召集了包括本人在内的来自有关高校的一共六位专家，汇聚武术研究院，经过查阅、讨论，剔除十八份破损严重、字迹不清或无甚价值者，最后确定将甄选出的一百一十三份抄本纳入点校范围，同时委托北京体育大学出版社出版。两年后，除少数文本外，点校工作初步告一段落，国家体育总局武术研究院为此在河南登封嵩山少林寺武僧团培训基地召开了点校工作会议。

时光荏苒，数年后国家体育总局武术研究院有关负责人与我联系，希望能在之前选出的一百一十三份抄本的基础上精选出更具价值的文本，争取尽早完成点校工作，交付出版。接到任务后，我斟酌再三，确定重点点校一百一十三份抄本中的三十四份三十一种清抄本〔一〕，并题名曰『中国武术研究院院藏清抄本校释』。点校文本与点校方案经国家体育总局武术研究院领导同意后，即与郑州大学体育学院有关方面洽谈。之所以选择郑州大学体育学院来承担此项工作，是因为我五年来带领的该校课题组，刚顺利地完成了国家社科基金项目『明清少林武术古籍珍本的整理与研究』。〔二〕由这样一个较为成熟的学术团队来承担这项点校工作，质量上应该是有保证的。

在郑州大学体育学院领导的大力支持和全体团队成员的不懈努力下，中国武术研究院院藏清抄本

〔一〕三十四份清抄本，绝大多数留有年代信息，有的则由当时捐献地的相关部门出具证明，也有些无时间记录，而是依据抄本中图文风格判定，如少林拳棒枪刀谱、文武修等。

〔二〕这批明清少林武术古籍珍本，被齐鲁书社以『明清武术典籍珍本辑释』之名申报并成功入选二〇二二年度国家出版基金项目。该书于同年九月正式出版，并在二〇二三年五月荣获全国古籍出版社百佳图书（二〇二二年度）二等奖（该奖前身为『全国优秀古籍图书奖』），这也是武术学界在古籍整理出版方面的首次获奖。

校释历经十个多月时间，终于如期完成了。在讲好中国故事、弘扬民族文化、实现中华民族伟大复兴的今天，中国武术研究院院藏清抄本校释的付梓出版，当然有其多方面的社会意义。

首先，有清一代是武术发展史上的重要时期，也是古代各种武术著述蜂出并作的年代。通过对这批武术抄本的整理、注释，可以从一个方面梳理清代武术历史文化的基本概况，从而为今天的武术理论研究提供『考镜源流』的史料支撑。

其次，对于这批清代武术抄本的整理、注释，可以使中华武术的非物质文化遗产保护究竟应该『保护什么』更为清晰。同时，按照我国法律规定，武术文献本身也是中华武术非物质文化遗产保护的重要组成部分。因为『将古籍的保护纳入到非物质文化遗产的保护中非常重要，这将会形成一个完整的非物质文化遗产保护观』〔一〕，有利于非物质文化遗产项目的整体保护。

再次，这批清代武术抄本均为首次面世的珍本、孤本，具有很高的文献价值。这一方面极大地丰富了武术文献体系，对武术文献学的建立具有重要学术意义；另一方面，对相近的历史学、文化学、民俗学等研究，也有其自身的学术价值。

最后，按文献学要求对这批清代武术抄本进行整理、注释，其规模之大、内容之繁，在当代武术学术史上尚属首例。这既是对古代武术文献校释范式及学术路径的有益探索，同时也为推动武术文献学发展和繁荣我国武术理论研究起到积极作用。

〔一〕方李莉：应将古籍纳入『非遗』保护，中华读书报二〇一一年八月三十一日。

值得说明的是，在对这批清代武术抄本的校释过程中，发现有四个需要注意的地方，这恐怕也是不少清代武术抄本的共性问题：一是与传统的经、史、子、集图籍相比，这批武术抄本绝大部分无论是其版式还是绘图、书写，都显得较为粗陋，加上某些字体书写不规范，有些又过于潦草，故辨认较难；二是由于武术技艺是种动态文化，故抄本中记录的有些拳理技法今天可能已发生较大变化，有的甚至已失传，另外，文中夹杂的一些方言俚语及隐喻等，也较难理解；三是有些抄本中开列的药方，因条件所限，目前尚难甄别；四是由于在长年的流传中，一些抄本页码错乱的现象较为严重，需要参照其他相关文献加以校勘厘定。

『钩沉稽古，发微抉隐』的武术文献整理、研究是一项需要『坐冷板凳』的工作，这在武术界尚属起步阶段。所以，尽管课题组成员对此三十四份三十一种清代武术抄本本着打造『学术精品』的责任心反复核查、审阅，但必然存在一些舛误错谬之处及不尽如人意的地方，祈盼读者不吝教正，以共同推动我国武术文献学科及武术理论研究的不断成熟和进步！

周伟良

二〇二四年六月记于杭州寓所

校释凡例

一、本书整理、注释的中国武术研究院院藏清代武术抄本，均为首次面世的珍本、孤本，方法上难以用对校法进行互校，故而有的采用内容相同或相近的文本进行他校，也有的依据文中前后语义抉摘其异同；而对文中所著录的相关典籍资料，则采用原书进行核校。

二、所校释的每种文献都有一篇提要，简述有关该文本的版本特点、编撰（抄录）者基本情况及内容梗概等。

三、校释中所引用的符号：

（一）凡［ ］中的内容，为校勘出的脱文。

（二）凡（ ）中的内容，为对校勘出误文的修改。

（三）凡〈 〉中的内容，为校勘出的衍文。

（四）凡【 】中的内容，为原文本中的小字或注释。

（五）原文中所缺佚的文字，一律用□标出。

（六）如校释中文义相通而文字有异者，依原文本；如两文本文义相异，则在注释里予以说明。

（七）文本中的俗字、异体字，一律按今通用字，视情况酌情注明。

（八）对于文中难以辨识的字，则按原字剪贴注明。

四、对于一些抄本中的页码错乱现象，则按其前后内容及参考有关文献图籍予以厘定纠正。

五、本书在校释过程中所引用的今人研究成果，均注明其出处，以备查考；对于一般性古籍文献，为节省篇幅，仅注明年代、作者及文献名。

目录

增删梨花枪谱

提要

增删梨花枪谱，一册，抄本，无版框，正楷书写，每页六行，个别处文字有残缺，装订有错页，谱末的『刚柔注解』后应有散佚，故似为残本。此谱的一个显著特点是正文上端多有眉批，后文有夹注。谱中未留下抄录者信息，然关于此谱的年代，似有蛛丝可寻。谱中『秋阳子』所写序文的题署时间为清道光庚寅年（一八三〇），而谱中又题有『己酉』字样。清代属于己酉年的有一六六九年、一七二九年、一七八九年、一八四九年和一九〇九年。故这里的『己酉』年极可能是『道光庚寅年』后的道光二十九年（一八四九）。由此可见，增删梨花枪谱并非成于一时。此谱由山东省淄博市的宋永太于二十世纪八十年代捐出，现藏于中国武术研究院，院藏编号为G852.23-29。

内容上，增删梨花枪谱继承了明代枪法的理论基础和实践技艺，并对其进行了诠释，如：对上平枪法、下平断门枪法、演法、虚实、吞吐、响进、刚柔等枪法技理和实战习练进行了详细注解，从而使一脉相传的明代梨花枪有所发展，故其名曰『增删』。另外，谱中所记枪法攻防技术内容十分丰富，各种动作及特点的表述十分具体，总体上已经构成了比较完整的枪法、技法理论体系，形成了自身独具一格的教学与训练方法，将单练、对练和较技有机地融合为一体，从一个侧面反映出明清枪法的历史传承脉络。

当然，由于年代久远及文字书写欠规范，谱中的有些技理、技艺表述，今人已难以理解，殊属遗憾！

增删梨花枪谱影印

剛也用剛之時
外剛而內柔也
中有剛剛柔相
而莫窺其離合
相濟之妙矣若
失之輭剛

己酉小
紹德堂書

增删梨花鎗譜序

且夫長鎗之法自楊氏始

曰梨花天下尚之其（鎗）法亟妙（神化）

者（處）大抵在咱進進咱中也咱

而後進搶門藏其內進而後

咱斷門中二精一之

不行扎來、實身我自扎跎入賓一步向係人也極才隨鎗進則云後發勝

此守之法之也

先實亦此之謂也
何為斷門不拘伊有何法
進鈴我自堅守不動俾伊
無門可入伊若如何能進我
即如何吞接立使彼鈴扎空
於鈴指伊心喉此中妙理
難言也

妙為梨花根樞之學余自幼
年曾學楊氏之法不過僅得
其粗未得其精後則遍訪名
家誠心演悟十有餘年而於
出奇制勝之處未之有得幸
因豎發心愿遇異人口授一遍

獲楊氏真傳何樂如之丁丑中

謂踏破鐵鞋無覓處得來全

不費工夫者此也余又就恂

進進恂之法細心鑽研擴充

變化朝夕揣摩鍊氣歸神一

旦豁然開悟 特為古今相傳

二十年棃花鎗天下無敵乎
不其然乎欲傳後世非顏可
聲獨懷珠玉章耶否耶余嘗
捻萬殊一本之遂于妙可意會不
可言傳之中畧伸大意擇其至
簡至要蓮刎數條筆之于書以為後之一下

鎗法已成口不能明識哉
是言也

志者開一捷徑之門用力少而
成功多無論自演對扎禦敵冲
陣用此數法無不可也
時
道光歲次庚寅三月一日
炑陽子撰

鎗有三大綱領

第一要身法身要正直腿要微曲足要丁步兩膀側正胸腹添出雙手捧鎗將頭扭於左肩之上全要膀轉身搖一蹻而入最忌撅臀凹腰横肩舒背

不成身法恐其有失第二要手法有陰手有陽手有外封手有掛手有裡封手有掁手有乾手有逼手有捲手有批手有勾手有領手有跨手有單手有棚手有接手有提手

掁除庚切音橙觸也撞也

手背在上為陰手手掌朝上為陽手伊鎗自我外門扎來我則前腕向後一覆後腕向前一仰外封而進亦或前手先陰後陽後手先陽後陰掛手而進伊鎗自我裡門扎來我則前腕向前

一覆後腕向後一仰裏封而進亦或前手先陽後陰後手先陰後陽振手而進否則前手陽後手陰接住彼鎗乾手而進進鈐須要逼住他人之鈐方可進如逼不住不可輕進

剛在他力前柔乘他力
後信其然乎

彼鈴不動我用摟法逼住他
鎗取直硬進彼鈴若動靜俟
伊鎗閃開中門連逼帶進若
彼鎗自裡門大押我鈴我則
身手下沉似欵歛一般彼鈴必
然過閃將近吾身我便乘機

抖起一逼就進躥入彼懷此逼手也剛為逼手柔為接手在下則為提手提接之法如同一樣皆用栽鎗粘住彼鎗也他人之鎗裡門來得甚急欲退不可欲進不能只用前手向後一捲

便自無妨故名搼手鈴自中平聊下扎來批手而進向脚面裡邊扎來我則後手提起前手下垂用渰水鎗勢自左向右一勾而進若彼此俱用渰水鎗粘住我則就勢往後一領

而進鎗向脚面外邊扎來我仍用提鎗自右向左一跨而進至單撒手一鈴非十分得手斷乎不可輕進高来者一掤而進平来者一接而進下來者一提而進

大約有十一樣步法

第三要步法有順步有拗步有偷步有纏步有點地步有鴨蹚步有磨膝步有跑步有蹍步有拖步有蜋步

順步者左脚在前右脚在後名謂丁步即順步也何為丁

步前脚竪立後脚横立形如丁字即為丁步也

拗步者右脚上一步在前左脚在後即為拗步

偷步者如右脚在左脚之前腿在左脚之後即暗偷之意也

纏步者如身向西行右脚在左脚之後回身向東倒步不及將身一扭一纏而回右脚便在左脚之前纏即扭也亦許自向東將身一扭右脚拖下左脚仍在右脚之前此二步

法四面有彀用之甚宜

點地步者順步拗步俱要腿懸脚尖點地取其騰挪閃轉活便之意也

鴨踵步者蹲身而行其形如鴨鎗端四平足從鎗下而進

如能鴨踵步磨膝步跑步合而用之更為妙也

右脚暗上於左脚之前左脚又暗上於右脚之前如此接連前進謂之鴨踏步也如欲倒步退行左脚倒於右脚之後右脚又倒於左脚之後此步進鎗較拖步更快闖鴻門

用之甚宜但不如拖步膀腰側正身藏鎗内進穩而無失也

磨膝步者如㧱步相似身腿下蹲右脚上一小步在前左脚在後右腿膝直左腿膝彎左膝頂靠右腿膝左脚又上

一小步在前右脚在後左腿膝直右腿膝彎右腿膝頂靠左腿膝連步前進兩膝如相磨一般即謂之磨膝也吞接用之極妙

跑步者右脚直上一步在前左脚

在後左脚又直上一步在前右脚在後連上不已如跑一般即謂之跑步也進鎗用之最利諸器欲進用此亦妙𨆶步者如欲進時左脚往前大步一進右脚自左脚前大

步一跳將落地時左脚抬起仍在右脚之前如欲退時右脚往後大步一退左脚自右脚前大步一跳將着地時右脚抬起仍在左脚之後

拖步者丁步站立前腿稍蹲

後腿畧直三尖緊對全身着力前脚稍抬往前小步一進後脚拭地往前小步一拖挨步疾行進鎗直快下用遮架自能取人對扎之時拖步最為要也亦可拖步退行後脚

稍抬往後小步一退前脚拭地往後小步一拖是也跟步者鎗守中門拖步硬進用鎗恍扎身手吞鎗左脚稍抬前進右脚畧起直跟併力裁扎無不得人欲使三扎法

非用跟步不能巧也退使亦可
鎗有三件大病一立身法不
正二當扎不扎三尖不對凡
鍊鎗須先立勢勢有上中下
惟中四平勢為諸法之尊其
勢兩手拿鎗後手着腰前手

中平身正畧蹲前脚尖對鎗尖前肩尖對脚尖所謂三尖緊對是也果能鎗熟至極心手相忘有空即扎則無病矣

須至心能忘手手能忘鎗方爲妙也

守法有三

一曰勾提守法

如伊鎗上下左右柔扎戳用勾掁二法遮擋前進勾中帶挑掁中帶盖上掁下勾勾而復掁掁而復勾循還互用得勢就取可使跔進進跔之法

見可而進知難而退

二曰挑棚守法

惟有攔拏二法於陣前用之甚宜碍者鎗頭起不過五寸直劈而下前手必下垂不肯着地後手一出以刺其心胸拏者左右攔拏之也我先出攔後鎗我鎗自右轉下彼鎗自左轉上我又從下轉左攔拏之也杆直不着地更好双手立執使平一股筋更硬且密

如伊鎗上下左右硬扎我用批掤二法招架後退批中帶攔掤中帶乾上掤下批批而復掤掤而復批批時鎗尖着地緊借地力一掤而掤最省力又耐戰連用不斷乘隙進

扎亦可使㫰進進㫰之法

三曰提接守法

如伊鎗上下左右連恍帶扎虛實難防之際我專用提接二法藏身硬進何為提法伊下恍扎不論左右我鎗提高過

肩鎗杆貼胸鎗尖垂下管定他鎗膀腰着力挨步急進鎗尖将近伊手或過伊前手我用坐請鎗法後手貼胸往下一搬前手掌住往上稍撅腿蹲足沉準扎伊膌伊進我静用之

更準亦可用黑虎入洞鎗法如二人俱用滴水鎗勢粘住鎗杆進退不得我自鎗下左脚暗上左腿一彎右手扠鎗前剩尺餘左股緊靠左膝右腿往後直拖右手用力自伊

坐請鈴法最為良靜以待動此法準極左股初當硬直後宜有彎靠腿右股初則大曲肩手近對胸鈴稍離后則一撇外送此黑虎入洞之法也齊用彼此用滴水鎗勢我左脚大上一步捧伊當裡勢如騎馬我鎗自伊裡门拔起躺過伊鈴杆向伊外门扎

伊左脇我左股大曲以左肘尖緊接左腿擋住伊鎗左手往上大仰用左手面勾住伊鎗右手微高刺伊左脇伊退我進亦不能逃也

鎗底往前猛扎中伊小腹不能逃也如伊仍用潛水硬攔我鎗我則右腿往後拖轉左腿仍彎如樞不動隨伊速轉仍扎伊腹何為接法伊上恍扎不論左右雖不粘杆亦用

凡千鎗萬鎗皆用接法以我鎗接住彼鎗分毫不離然粘住一般得扎即扎不得扎則随之彼進我退彼退我進彼急我亦急彼緩我亦緩心懷欲扎之勢二目窺其精神見其有欲扎之機即是扎々之故曰後人々發々分先人至順人勢借人力此之謂也

接杆手法前手稍陽後手畧陰鎗杆粘腹鎗尖微起若接住彼鎗即不令彼入亦不放彼出兩手用力硬擁直進扎彼面門無不中矣若我鎗太硬用筋稍斜畧離中門向仰

左邊扎去伊鎗自我鎗下串過一提伊鎗在我腹前我鎗在伊杆外我用攔門我錯鎗法身直步進緊貼伊杆用前手腕管住伊鎗後手一提裁法扎伊左脇又為外門之一法耳夫提接

二法須得兼用不可稍離伊忽上我忽接伊忽下我忽提提接

平使亦可

交加連環運用身步齊進方為全美是以步步須前進時時要取直於人未發之先相機而進既發之後乘勢而進不過

就勢破勢因法破法總要胆壯力強眼明手快其進銳其退速其勢險其節短不動如山動如雷電哅而後進進而後哅分别明白可以語枝矣

哅者是人哅凡人身面手足我鎗收扎着之處未有不哅者哅後速進直用跑步将鎗杈短進後再扎人不叉哅于循環用之誠為妙術也

上平鎗法有七

闖鴻門

無論左右人鎗扎否我並不用遮架但將身法端個至平至直鎗貼心上鎗頭微高後手固根不動前手稍立緊持左右兩下着力排開彼鎗直取

正中連身挨步向面一扎手
吞脚跳身隨鎗進捉攻硬上
裁扎咽喉彼雖急退亦難躲
閃所謂鎗裡藏身中間一點
難招架也
譜中有云中平鎗鎗中王高低

勸君對敵莫恍忙持
鎗平穩把身藏
此鈀檔在下平裡門使
極好
伊鈀扎来亦可先使抱琵
琶鈀法左手往裡一携曲肘
靠身右手往後攄鈀直沉
將伊鈀領過我鈀头緊對
伊喉如伊欲退我左股往前
一伸擁進即是闖鴻門鈀法
二法參互用之可也如伊先使
抱琵琶鈀法我即連吞帶

遠近都不妨高不攔低不拿當
中一點難遮架去如箭來如線
指人頭扎人面來得緊去得硬
不遮不架是個空即此法也

上平斷門鎗法

伊鎗往裡門進扎我將鎗向

進左股大曲擋住伊鎗右手高起緊刺伊喉伊退我進此鈴搭在下平裡外門使更妙

後一攄前手把定鎗褲指伊喉心腹後手把定鎗杆鎗鑽着地準手下沉硬而有力此係請中帶進兩腿磨膝跑步直進惟有此鎗得人甚準不能破也

上接鎗

伊若從裡門扎來我將鎗向後一呑兩手前後撑開鎗杆貼腰鎗尖指伊咽喉進用跪步

猛虎抬頭

伊鎗自裡門進我將鎗向後

一吞前手用底皮筋立執後手用上皮筋下沉鎗杆貼跨尖挑伊喉進用磨膝跎步此亦靜中之動也

老虎入洞

伊用上平鎗端個四平我欲

自裡門進鎗伊必將鎗轉下用坐請鎗指我小腹我則乘伊未轉之先將鎗略吞尺餘鎗鑽近地鎗尖挑伊咽喉下海身腿蹲曲兩手着力下沉鎗杆貼腿磨膝跑步一直速進

直擁鎗

不論伊鎗吞否自粘着我杆我鎗亦不論吞否鎗尖不動兩手下沉身蹲腿曲一直擁進硬扎心喉進用跑步外門直錯亦可上平鎗可破八九

回馬鎗

此鎗與人交鋒彼鎗力甚勇難以取勝我便回馬詐敗彼若赶來我用鎗向後順覷彼将至我将身向後一扭撑鎗取彼咽喉彼錯手不及兩來

此鎗亦可硬轉身回旋用順步左脚大上自伊杆下我鎗尖猛起直扎不用招架準刺伊脇跎步而進

相就極難招架乃詐敗取勝之鎗也腿法用磨膝腿前手向上正對咽喉後手向下鎗尖直刺咽喉也

中平鎗法有三

轉還鎗

我用雙手執鎗自伊杆下向
伊左脇一恍伊若劈時即轉
伊杆上扎伊氣眼
硬還鎗
仍用我鎗向伊杆下恍扎伊
若劈着我鎗我亦轉伊杆上

我亦可左脚大上一步右
脚稍上於左脚之前左手
虛把撆手鈐右手將鈐送出
貼伊杆底扎伊前手帶刺左
脇伊必批閃我又左脚大上一

步稍畧吞鎗左手微高
右手畧沉鞘伊杆上刺伊
心喉跑步而進

扎伊氣眼

中接鎗

彼此鎗皆滴水或俱鎗尖着地伊欲起扎我氣眼我先接住伊杆扎伊氣眼此三扎法

伊若身横股曲可以扎上伊

足微吃鎗方能還鎗

使此三扎法如伊身正股直擋住我鎗我亦可用猛虎扵頭鎗法跑步而進

若身正股直扎即不準伊雖裡門甚密伊外門必定有空我即用擁門找錯鎗法扎之大凡鎗法縱精演極熟亦必乘機得勢用無失也

下平鎗法十有三

怐而後進

伊若擎鎗作勢不論伊扎與否我仍架正身直立手勢鎗鎗杆貼腹鎗尖微起守住中門拖步前進須從裡門用鎗前節管住伊鎗自伊杆上揞

自古鎗法中门至要伊戳我上我戳其中伊戳我下我亦戳其中我必先到伊必落後蓋以中门之路近也

身腈吞法初當口授終得
意會人果知能可為鎗矣

胸一扎後手稍提前手畧垂鎗
又貼胸身犄吞鎗竄跳直入自（蹔失跑步皆可）
伊杆下裁扎伊腹任伊如何遮
架不能免吾之鎗入彼懷也
進而後㖃
伊若執鎗不動我用誆賺之

法以鎗不時恍扎伊腹伊必用鎗批落我鎗伊若批挫必離中門專視有此破綻亦從裡門貼伊前手底下向伊腹一恍隨即手提身吞跟跳步入鎗仍貼胸後手往下一搬

鎗法與兵法相似總不外出其不意攻其無備也其最要者守中帶扎扎中帶守無論守扎鎗尖時時對彼心喉庶彼鎗不能入而我便於守扎所謂鎗扎一條線是也

此鎗摘在外門使亦好

前手往上稍撅腰胯前㖿䟽

扎伊腹得人更準逃此鎗者

亦或寡矣

使諸扎淦吞鎗吐鎗不離胸

腹前股硬直不可有彎三火

相對進退皆然但諸法之中

蹶步跑步皆可
功久自知妙用

惟有裁筋最難果然身能吃
鎗跟步跳入膀腰手足一齊
提沉方為得法矣總得精演
純熟深明一貫自能推出鎗
外之鎗法外之法以至於無
影無形神而明之存乎其人

不虛語也

下平斷門鎗法

不論伊鎗上中下平執而不動我則用鎗貼伊杆下单手出鎗穿伊前手直扎左脇我若扎時左脚上一大步右脚

緊上於左脚之前如扎着伊脇即用跑步自隨鎗進伊若将我鎗劈於地下我右手将鎗向後一拉双吞尺餘左手往前一攄左脚往前上一大步伊鎗起時我鎗緊隨伊鎗

起扎伊脇伊若退閃我用跑步跟扎我亦許雙手出鎗自伊杆下向伊左脇鎗尖斜朝杜伊進鎗之門伊若劈鎗而起仍用前法扎之伊若劈而不起伊亦鎗尖着地研擋我

如伊鎗尖着地擋住我
鎗我亦可連吞帶起用
猛虎指頭手法鎗尖指
伊咽喉鎗鎖着地步用
磨膝

鎗我自伊裡門起扠我鎗從
伊杆上入伊外門扎伊左脇
隨鎗跑進

破斷門

如伊鎗指我左邊我自外
门亦可用單撤手鎗刺伊左
脇右脚隨鎗並上左肘朝
後曲肱貼心左手在右肩窩
之下鎗尖吞地左手自下往

大凡進鎗自裡門者居多伊
鎗若用下平勢指我左脇斷

前攏右手高起往後抽
左脚與左手齊上鎗鑽朝
上鎗尖朝下變手硬起扎
伊左脇遂即吞進掤況戳扎
如伊鎗指我左脇不動又
恐伊用閃賺計我左脚稍
上用鎗扎伊前手鎗脚並
収勢畧涪水後又左脚大
上鎗起硬荷自伊外门向
伊左手之前將伊鎗一掤開
去我鎗収短仍涪水連步
跑進伊鎗回我再掤將伊

吾進鎗之門我亦用鎗指伊
左脇不論伊鎗扎否左脚先
上一大歩右脚緊上於左脚
之前我鎗直去先刺伊左手
並扎伊右手我速右手提鎗
過頭左手仰持左股稍曲有

左肘管住刺伊左脇
如伊鎗向我左脇扎來我
即左脚在上搠出伊鎗落
水吞進復如前法扎之如
伊鎗向我左脇連扎我用
小架外封攔之封時左脚
稍抬大上落地遂即吞
鎗落水硬荷跑步速進
復亦如前扎之

力鎗尖在伊外門左手之下
吞鎗跑步而進伊若不動裁
扎伊脇伊若自上串在裡門
扎我我鎗尖不動復在伊裡
門左手之下身手吞鎗兩手
下沉鎗尖微起裁扎伊腹伊

若架低裡門守窑伊外門必
定閃出我即自上串伊外門
扎伊左脇

連還鎗

伊若執鎗不動我用鎗自伊
杆下扎伊前手扎時左脚抬

起鎗着不回復又一鎗扎伊
左肋脚方上步落地手身吞
鎗跑步直進復連裁扎此鎗
得人十分準也

勾挑鎗

不論伊鎗自我下平裡外門

扎來我則鎗尖朝下將彼鎗連勾帶挑彼鎗開出我則身蹲腿曲前手把住後手下沉鎗尖微起自伊杆下刺伊小腹此鎗轉破下平亦十分準也

亦可自伊杆上鎗尖高起指伊咽喉用磨膝跑步

底接鎗

我自伊鎗裡上皮進伊鎗忽
轉我杆之下我即将鎗一吞
鎗尖畧下鎗鑽徽高左腳上
一大步右脚往前一拖身蹲
腿曲我鎗貼伊杆下前手立
執後手下沉鎗尖徽起扎伊

小腹伊用底接破我我仍用

底接還扎

搶門鎗

亦可用丁步站立左手虛把攀鎗右手往來送鎗自伊杆下恍扎伊批我鎗落地我左脚大上一步左手往前儶鎗右手往後抽鎗我鎗隨伊鎗起用老虎入洞手法扎伊

彼此用滴水鎗粘住伊欲起鎗扎我我用雙手緊持以我鎗斜隔彼鎗隨伊鎗起前手

左脇
亦可左斜上一大步
右脚稍上於左脚之前
兩腿磨膝我鉈仍自
伊杆下流扎伊批我鉈
落地我左脚之上一大步
左手往前擄鉈右手
往後抽鎗我鉈仍
隨伊鉈起扎伊左脇

上撅彼手下沉扎伊左脇

奪繳鎗

此鎗全得身法手法如人用
鎗扎我裡門我方自伊杆下
正直刺鎗而進彼又轉外門
来扎我身腿向下一蹲以我

鎗將彼鎗向下一奪彼鎗落地以我鎗將彼鎗勾住向内一纏向外一摔左手往上一朝右手下沉我鎗尖直扎伊腹

亦可左脚大上一步右脚又大上一步左手撤鉈貼於右肩窩之下右手单出貼伊裡门杆底向伊前手扎去並刺伊左脇伊扎我鉈落地我又左脚大上一步左手微高往前一攊右手畧沉往後稍收我鉈緊隨伊鉈起扎伊腹步用磨膝身腿低也

平纏鎗

伊鎗在我杆下朝我左脇我雙手擎鎗執而不動杆貼我腹自外門從伊鎗前截上皮平找伊鎗裡皮中截以我鎗前截又找伊鎗後截底皮將近伊手膀腰一愰將伊鎗平

繳開去自伊杆下扎伊小腹

閃挪鎗

人若從外門取我前手我將身手向下一沉彼鎗扎空我便兩手一抖從彼鎗下偷過我鎗彼鎗讓在裡門將身一

起自伊杆下扎伊左脇此亦最細之鎗也

不招不架

如我裡門方進彼向後退此乃誆身之計也我必留神小心仍向前直進彼若將鎗變

將伊讓在裡门若伊鎗落地亦可自伊杆上刺伊咽喉遂即吞鎗身步齊進而腿磨膝左手把定鎗杆鎗尖緊对伊喉右手把定鎗杆鎗鑽着地俱用沉劤

劤音僅
多力貌

凡使此鎗無論上下單手出鎗快而虛雙手出鎗遲而穩 ○ 縱千言萬語總是哄他舊力過去新力未發而乘之又無不得人也

於外門不可輕進只將身向
下曲專視其鎗来如過閑方
可進如不過閑不可輕進閑
即前手也務要待彼之鎗過
我前手將至吾身我便乘機
抖起自伊杆下扎伊左脇亦

甚準也 彼愈退 我愈追 須用跑步

急三鎗

伊執鎗末扎我先用鎗扎伊左脚鎗鑽朝上鎗尖朝下伊必来擋我忽轉上鎗鑽朝下

格外有守门呞门搶门斷门絶戶蚤法其中奥妙口不能言也

鎗尖朝上準撩伊眉伊若再擋速又轉下扎伊左脇愈快愈準如我撩伊眉伊若撐擋我則硬直擁扎刺彼面門復栽伊脇

演法有三一曰吞吐演、法、

一日吞吐滴法
凡托鉈直入人懷須用
吞鎗法將鉈向後一擄
前手把定鉈梢後手
把定鉈杆方可入人之
懷此乃手吞鉈也如
身吞鉈則異是後
手提鉈前手掌住耑
用跟步身隨鉈進暗
入懷內一栽得人不然
鉈尖頂住如何能入他
人之懷也有吞必有吐

入懷內一栽得人不然鎗尖頂住如何能入他人之懷也有吞必有吐如彼向外退我則前手掌住後手往前一送身腰往前一抖鎗出指彼心腹再吞再吐不拘其數吞吐

如彼向外退我則前手掌往後手往前一送身腰往前一抖鎗出指彼心腹再吞再吐不拘其數吞吐之法常宜習演不可間斷愈習愈精愈熟愈巧也

凡托鎗直入人懷須用吞鎗法將鎗向後一擄前手把定鎗梢後手把定鎗杆方可入人之懷此乃手吞鎗也如身吞鎗則異是後手提鎗前手掌住常用跟步身隨鎗進暗

之法常宜習演不可間斷愈
習愈精愈熟愈巧也
二曰撥振演法
丁步端鎗緊對三尖又着他
人手持短杆用上寸筋左右
撥之初撥鎗動不動功成又

撥音贊逼也
振音橙撞也觸也

撈進步掁連步前拖隨進隨撈愈撈愈進更撈退步掁將步後拖隨退隨撈愈撈愈退皆以鎗不動為成功也

三曰扎牌滄

先用单鎗空試。身法手法步

更宜用鴨踏步進身蹲腿曲磨膝而行連脚赶上疾如飛電前股立執後直下沉杆貼至腿硬守中門有空急扎身隨鈴進伊扎吞接靜能刺動人下苦功自然知新達而化之可為神矣大凡進鎗準手齊扎能隨鈴進单手出鈴步难並進

法。守法。扎法。吞吐進退之法復以二十步內。立木牌一面。長五尺。寬八寸。厚六寸。埋於地下二尺。立地餘有三尺。上分喉心腹三處。每一人執鎗二十步外擎鎗作勢飛身向前宜細味之至於慌扎須用单手彼鎗不動先扎伊手伊若来扎乘其来扎之際急扎伊手扎開吞進直跪彼懷故云鈐是伏腰鎖先扎手合脚疾上又加疾扎了還嫌遲此亦鈐中之至要也

進用拖步將近牌時使三扎法手身吞鎗跟步躪跳照準木牌踴栽扎去不計遍數喉心腹三處俱對鎗尖方為合式如能扎透幾頁木牌功筋成矣然後二鎗對試直正交

鋒仍用三扎法之再求精奧
奧亦或可耳

棃花鎗三十六路

初演有定步月記

丁步跕住鎗端四平伊鎗扎我
裡門我自左向右陽手翻陰

擁出伊鎗 我左手撤鎗放於
臍下右手扎去右脚隨上步
用磨膝鎗尖點地速将右手
右脚一齊退下左手接鎗仍
用丁步鎗端四平伊鎗扎我
外門我自右向左陰手翻陽

揞出伊鎗後俱同前如是兩
人循還對扎

有趲步月記

若擁開伊鎗撤手扎去右脚
上一步不必退下鎗尖點地
左脚緊上兩手端鎗又揞開

伊鎗撒手扎去右脚上去不必退下鎗尖點地左脚緊上兩手端鎗如是兩人一進一退演之

有點封

伊鎗端平不動我用弓撑步

站住立手執鎗自伊杆底下往左边一挑又自伊杆底下往右边一挑如是連點不輟若伊退我進活步點之更妙

有三轉

伊從裡遞鎗我上一步鎗端

上平前手陽翻陰後手陰翻
陽自左向右裡封他鎗指彼
咽喉仍（伊）從裡門遞鎗我前手
陰翻陽後手陽翻陰自伊杆
下平串於右左腳上一步前
手陽翻陰後手 陰翻陽自右

向左外封他鎗右脚上一步在前左脚在後鎗指彼喉伊又自外門遞鎗我鎗平下串左左脚上右脚跟又鎗端上平前手陽翻陰後手陰翻陽又自左向右裡封他鎗指彼咽喉

如是連還封演、不計其數愈熟、愈好

大轉還　　第一路

外轉裏轉外轉裏轉外轉裏
封勾撑扎跳出掛合勾撑扎
跳出掛扎轉封查

小轉還　　第二路

外轉裏轉外轉裏轉外轉裏

撐勾撐扎跳出掛合勾撐扎

跳出掛扎轉封出

提轉還（內有麒麟獻彩边進縛股）第三路

裏封空提伊扒起底扎我勾

獻彩接封边進縛股勾撑後

俱同前

劈轉還（先扎跳拈内 有隻撑双掛） 第四路

裏封挑拈封空擒起合回伊

撑我撑伊掛我掛串乾勾撑

底轉還（内有左隔右隔） 第五路

疏扎串乾封空串乾左隔右

隔左隔右隔左隔陂封跪膝

起接點地步勾撑

一門三竿（内有卧虎躥山吞吐）第六路

裏封平欺裏封外封擺串卧

虎躥山吞吐劈撑勾撑

陂鎗内有查合先扎擒起　第七路

裏封擒起接封陂進仰手乾

扎起查合出撐點出掛合勾撐

掤鎗内有合鎗掤乾　第八路

裏封外封欺住合鎗勾空掤

乾平串接掤劈撐勾撐

發鎗內有雙合雙掛中有單撐　第九路

我外直封伊外直封我裏直封伊裏直封我合伊合伊出我跟伊掛、我串撐掛勾撐

乾鎗　第十路

我裏封伊拈掤伊裏封我拈

掤裏纏勾撑點出串掛伊外乾
進纏我跳退勾裏乾外乾裏
乾外乾裏乾勾空裏乾勾撑

近身八變　第十一路

伊打挺我閉伊逼我上衞伊
攔我亦攔伊上串挑袖我跨

合伊底衛我擁門我錯伊上
提扎脚我外勾裏撐裏勾外
掛裏撐勾撐

十面埋伏　第十二路

伊裏封空我轉外劈伊外封
空我轉裏劈沓一合跳出裏撐外

勾裏撐裏勾外掛裏撐勾撐

鯉魚打挺亦名青龍出水第十三路

伊⿰言㐬扎我撐空掛撐双點掛

空裏乾勾撐

鯉魚打挺內有勾撐掛撐第十四路

打挺勾撐勾掛空撐勾撐

第十五路

穿指

裏封穿 指接劈空接乾劈撑勾撑

出鎗 内有穿袖

第十六路

拈竿捧提裏纏外逼伊外翻

我裏合 伊裏封我挑袖伊外

封我裏乾勾撑

查拈　第十七路

裏封掉步查拈挑外劈撑勾撑

一撑出　第十八路

裏封仰手乾扎查合跳出撑

空掛空撑勾撑

上突内有外乾　第十九路

裏封外乾裏劈勾撑底突

第廿路

裏封外封逼跪乾起裏劈勾撑大劈

第二十一路

裏封外封棹步 點地 外劈撑

勾撑

裹劈

第二十二路

裹封外封裹劈勾撑

封劈（内加裹乾外乾）

第二十三路

裹封外封裹劈查合　跳出撑

空外乾裹乾勾撑

轉劈（内加乾劈查纏合手）　第二十四路

裏封外封伊扎我串乾劈查

裹纏上步外乾卸步勾撐

四封四閉　第二十五路

裏封外封勾撐

戳鎗（内有不架不拏）　第二十六路

裏封外戰三遭勾不架不拿

接勾撐

閃鎗 内加乾鎗

第廿七路

伊裏封空我串外封伊外封

空我串裏封伊下扎我勾空

伊串挑袖我閃串合伊乾串

我點掛空乾勾撐

查鎗 内加虛點一鎗

第廿八路

我裏封空伊掉步點封扎我

外劈空裏撐逼伊翻我乾裏

封空外封空中扎伊中勾我

撐勾撐

邊鎗　第二十九路

裏封掉步底串外封上步底串裏封掉步底串外封上步底串裏封勾撑

硬纏　第三十路

我裏封伊上步橫鮀我卸步

荷起勾掛伊掛空我串乾勾撐破轉還

第三十一路

我裏封空外封串合伊封空

我接轉伊合我封空伊接轉

我合勾撐纏封

第三十二路

我遞鎗伊裏封空下串點封
我上串點封我扎伊裏封我
裏封伊外封我外封擊跳進
點地步敵鑽勾撐
臨地翻身

第三十三路

裏封外封勾空合扎伊外上

串我轉點右左點封接封勾
撐
雙掤雙架　　第三十四路
裹封外封我下串合伊封我
串伊合我封伊串我合串扎
伊撐點我點出掛合勾撐

拈掉提櫓　第三十五路

裹封外封逼挑合回左右隔空勾撑

烏龍擺尾先扎不架不拿　第三十六路

外封擊撑勾外封空下串點封伊上串點封伊扎我外封

陂進接竿勾撑

裏上平匕

鎗點

接干回馬鈐硬推轉還硬還乾上斷門老虎入洞硬擁

封接封出門闖鴻直封探海

挑拈打梃直擁大纏撑裏劈外點裏趕

擁風點頭纏挑裏纏串劈轉乾掤鈐

上衝 底衝 搠絞 裏吞

掛 猛虎抬頭 上接 中接 硬進

抱琵琶 鉄掃帚

裏下平一

掉步查拈（下斷門 勾挑） 滴水 硬荷

鐵牛耕地（急三鈴 連还鈴） 撩腕（奪纓 纓） 平拈

千底出（响而後進 進而後响） 裏勾（閃挪不 招不架） 提橹

吞鎗（搶門／边鈴）裏列（底撥／刕不坐請）底哭（五龍／拱地）

外上平川

大劈　合　外乾（外勾／大拿）擒起（破斷／門）

逼（逼住他／人左肘）吞（即卧虎／𨃚山使）外纏　穿指

措　獻彩

外下平乙

外勾　滴水硬挑　巧女任針

外撩腕　烏龍拱地　外提吞撊鎗

外剥　掉黄草撤手　死蛇榻地

攔門找錯　自攔向錯挑袖

鎗杆式

長鎗後手要粗可盈把庶有

力若細則掌把不壯鎗杆要從根漸漸細至頭上如腰粗則硬强不可拏腰細則軟而無力雖手法之妙不能拏捉他鎗開去也鎗梢不可輙細要自漸細方有力最忌大重

重則頭沉不可舉動鎗頭不重過四兩其杆今山東河南以茵榆川貴以裯木浙東以茅觔竹為之長不過一丈八尺短止一丈五尺大抵因人之身材三倍足矣太長則難刺

也裯木第一合木輕而稍軟次之要劈開者佳鋸開者紋斜易折攢竹腰軟不可用

咏棃花鎗因得真傳秋陽咏之

自古推楊氏棃花秘少知虛實龍虎躍吞吐電雷時响進

藏真蒂剛柔玅出奇果能精
一處不愧有名師

虛實註解

從來虛能自保自保則難攻
實必過貪過貪則易破虛實
之法全在乎心不在乎形心

若虛形雖實亦虛心若實形雖虛亦實、鎗雖深入以防敵變彼若轉動我能隨之不亦實而虛乎入即不深視為必勝有進無退敵勢忽變束手無策不亦虛而實乎是以虛

中寓實實中寓虛緊相接濟
皆可謂不貪之道也

吞吐註解

用長貴短短用之法須手步
俱要合一一發不中或中不
在喫緊處緩則用步法退出

急則用手縮出鎗杆彼器不得交在我鎗身内彼自不敢輕進我手中鎗就退至一尺餘尚能戳人與短兵功用同矣此用長以短秘也

响進註解

响而後進進而後响總得鍊到手眼身步與心合一精熟至極真能鎗裏藏身任他如何兇惡扎来我自不怯不慌不用遮架自能八面固住直平躥進向正中而得人也

剛柔註解

力有剛柔之用柔居其九剛居其一但剛力一用不過轉瞬之時即變為柔蓋以柔之屈伸返復易剛之屈伸返復難也不然剛以非剛反成着

力敵鎗一变無可如何矣遇剛必折此之謂也或曰可以柔則獨用柔可以剛則獨用剛曰非也柔不離剛剛不離柔彼此兩相濟耳曰何以相濟曰用柔之時心存剛力

增删梨花枪谱校释

增删梨花枪谱〔一〕

增删梨花枪谱序

长枪之法，自杨氏始，□（谓）〔二〕曰『梨花』，天下尚之。枪法神化处，大抵在『响进』『进响』中也。响而后进，抢此门战藏□（于）〔三〕其也内（内也）〔四〕；进而后响，断此门守□□□□（于其外也）〔五〕。中二精一之妙，为梨花根枢之学。

余自幼年学杨氏之法，仅得其粗，未得其精。后则遍访名家，诚心演悟十有余年，而于出奇制胜之处未之有得。幸遇异人，口授□获真传。□□谓蹅（踏）〔六〕破铁鞋无觅处，得来全不费工夫也。

〔一〕根据校释要求，此谱中处于页眉位置的注解不入校释，但部分注解有助于读者理解此谱，故收入校释。特此说明。

〔二〕原文字迹模糊，中华书局二〇〇一年出版的戚继光的纪效新书：十八卷本（后文凡引此书，简称纪效新书：十八卷本，不再注明版本）作『谓』字，当是。

〔三〕原文字迹模糊，纪效新书：十八卷本作『于』字，当是。

〔四〕也内，据文义，应为『内也』。

〔五〕原文字迹模糊，据文义，疑为『于其外也』。

〔六〕蹅[chǎ]，据文义，应为『踏』字之误。

余又就『响进』『进响』之法，细心钻研，扩充变化，朝夕揣摩，炼气归神，一旦豁然□□（开朗）〔一〕，遂于可意会不可言传之中【枪法已成，口不能明，诚哉是言也】，略伸大意，择其至简至要笔之于书，以为后之有志者开一捷径，用力少而成功多。无论自演对扎、御敌冲阵，用此数法，无不可也！

时道光岁次庚寅〔二〕三月一日

秋阳子撰

枪有三大纲领

第一要身法。身要正直，腿要微曲，足要丁步，两膀侧正，胸腹添（舔）〔三〕出，双手拧枪，将头扭于左肩之上，全要膀转身摇，一踊而入。最忌撅臀、凹腰、横肩、舒背，不成身法，恐其有失。

〔一〕原文字迹模糊，据文义，疑为『开朗』。

〔二〕道光岁次庚寅，即一八三〇年。

〔三〕添，据文义，似为『舔』字之误。武术动作术语『舔』为自下向上的吞吐性动作，如『舔肘』，此处应为身法要中正，肩正、胸正。

第二要手法。有阴手〔一〕，有阳手，有外封手〔二〕，有挂手，有里封手，有振〔三〕手【振：除庚切，音橙，触也、撞也】，有乾手，有逼手〔四〕，有卷手，有批（劈）〔五〕手，有勾手，有领手〔六〕，有跨手，有单手，有棚（掤）〔七〕手，有接手〔八〕，有提手〔九〕。

手背在上为阴手，手掌朝上为阳手。伊枪自我外门〔一〇〕扎来，我则前腕向后一覆，后腕向前一仰，外封而进。亦或前手先阴后阳，后手先阳后阴，挂手而进。伊枪自我里门扎来，我则前腕向前一覆，

〔一〕阴手，中医理论讲手心为阳，手背为阴，故手心向上为阳手，手心向下为阴手。

〔二〕外封手及下文的里封手，均为传统武术常用的技击手法，即以手在外侧或者内侧走立圆封堵对方进攻的手肘动作。枪则技法相同。

〔三〕振[chéng]，按康熙字典释义，有触及、碰撞之意。

〔四〕逼手，少林拳基本手法。在封手的同时，乘势进步发力逼位，使之立足不稳而失势。（中国武术大辞典编辑委员会编著中国武术大辞典，人民体育出版社，一九九〇，第二二八页。）

〔五〕批，据文义，应为『劈』字之误。后同。

〔六〕领手，手法用语。两手微屈臂掌心向上，用托劲向上领。（同上书，第二二七页。）

〔七〕棚，据文义，应为『掤』字之误。太极拳手法中将以手臂捧架对方的动作称为『掤』（同上书，第三一五页）。作为枪的基本技法，掤当为由下向上，力达枪身前段的崩挑的防守型枪法，故『掤』和『崩』动作方法有相似之处，但能否直接用『崩』替代，学术界尚无定论。文中遵从原著还是采用『掤』字。

〔八〕接手，拳术术语，指两人对搏之初，相互交锋的第一手。（同上书，第一六页。）

〔九〕提手，手法用语。向恺然等著拳术·论提手中释：『提手在敌人已逼近正面，掌不得吐，故以此击之。其法曲腕屈肘，循腿因肩之势往上提，意欲以手背击人下颚。』（同上书，第二二七页。）

〔一〇〕外门及下文的里门，均为传统武术对抗时的方位术语。以左腿在前，左手在前，右手在后握把的中平枪为例，左手外则为外门，左手内侧向右，与右手形成的区域为里门。

后腕向后一仰，里封而进。亦或前手先阳后阴，后手先阴后阳，振手而进。否则，前手阳，后手阴，接住彼枪，乾手而进。进枪须要逼住他人之枪方可进，如逼不住，不可轻进。彼枪不动，我用接法，逼住他枪，取直硬进。彼枪若动，静俟〔一〕伊枪，闪开中门，连逼带进。【刚在他力前，柔乘他力后，信其然乎】若彼枪自里门大押（压）〔二〕我枪，我则身手下沉，似歉〔三〕敌一般，彼枪必然过关，将近吾身，我便乘机抖起，一逼就进，蹿入彼怀，此逼手也。刚为逼手，柔为接手，在下则为提手。提、接之法，如同一样，皆用我枪粘住彼枪也。他人之枪，里门来得甚急，欲退不可，欲进不能，只用前手向后一卷，便自无妨，故名『卷手枪』。自中平〔四〕聊（撩）〔五〕下扎来，批（劈）手而进，向脚面里边扎来，我则后手提起，前手下垂，用滴水枪势，自左向右，一勾〔六〕而进。若彼此俱用滴水枪粘住，我则就势往后，一领而进。枪向脚面外边扎来，我仍用提枪，自右向左一跨而进。至单撒手一枪，非十分得手，断乎不可轻进。高来者一掤而进，平来者一接而进，下来者一提而进。

〔一〕俟，等待。

〔二〕押，古文中通『压』字。

〔三〕歉，少、不足之意，这里为不如对方之意。

〔四〕中平，中平枪，明清枪法术语。中平枪是最基本的持枪姿势，即枪的根部紧靠自己腰间，双腿略屈，枪尖正对对方胸腹之间的持枪势。枪法基本攻防动作，如拦、拿、扎的练习，均以中平枪势为基础。（中国武术大辞典编辑委员会编著《中国武术大辞典》，第二七三页。）

〔五〕聊，据文义，应为『撩』字之误。

〔六〕勾，勾枪，枪法用语。此『勾』做『引』字解，指以虚引实或以实伺虚的各种枪法。（同上。）

第三要步法。有顺步，有拗步〔一〕，有偷步，有缠步，有点地步，有鸭踏〔二〕步，有磨膝步，有跑步，有暂步，有拖步，有跟步。【大枪有十一样步法】

顺步者，左脚在前，右脚在后，名谓『丁步』，即顺步也。何为丁步？前脚竖立，后脚横立，形如丁字，即为丁步也。

拗步者，右脚上一步在前，左脚在后，即为拗步。

偷步者，如右脚在左脚之前，腿在左脚之后，即暗偷之意也。

缠步者，如身向西行，右脚在左脚之后，回身向东，倒步不及，将身一扭一缠而回，右脚便在左脚之前，缠即扭也。亦许自向东，将身一扭，右脚拖下，左脚仍在右脚之前。此二步法，四面有敌，用之甚宜。

点地步者，顺步、拗步，俱要腿悬，脚尖点地，取其腾挪闪转活便之意也。

鸭踏步者，蹲身而行，其形如鸭，枪端四平，足从枪下而进，右脚暗上于左脚之前，左脚又暗上于右脚之前，如此接连前进，谓之『鸭踏步』也。如欲倒步退行，左脚倒于右脚之后，右脚又倒于左脚之后，此步进枪，较拖步更快，闯鸿门用之甚宜，但不如拖步。膀腰侧正，身藏枪内，进稳而无失也。【如能鸭踏步、磨膝步、跑步，合而用之，更为妙也】

〔一〕顺步、拗步，武术通用术语。凡右腿右手在前或左腿左手在前的步型，称为顺步。凡右腿左手在前或左腿右手在前的步型，称为拗步。（中国武术大辞典编辑委员会编著《中国武术大辞典》，第一七页。）

〔二〕蹅［chǎ］，在雨雪、泥水中踩。

磨膝步者，如拗步相似，身腿下蹲，右脚上一小步在前，左脚在后，右腿膝直，左腿膝弯，左〔腿〕〔一〕膝顶靠右腿膝；左脚又上一小步在前，右脚在后，左腿膝直，右腿膝弯，右腿膝顶靠左腿膝；连步前进，两膝如相磨一般，即谓之『磨膝』也，吞接用之极妙。

跑步者，右脚直上一步在前，左脚在后；左脚又直上一步在前，右脚在后，连上不已，如跑一般，即谓之『跑步』也。进枪用之最利，诸器欲进，用此亦妙。

暂步者，如欲进时，左脚往前大步一进，右脚自左脚前，大步一跳，将落地时，左脚抬起，仍在右脚之前。如欲退时，右脚往后，大步一退，左脚自右脚前，大步一跳，将着地时，右脚抬起，仍在左脚之后。

拖步者，丁步站立，前腿稍蹲，后腿略直，三尖紧对，全身着力，前脚稍抬，往前小步一进，后脚拭地往前，小步一拖，挨步疾行，进枪直快，下（不）〔二〕用遮架，自能取人。对扎之时，拖步最为要也。亦可拖步退行，后脚稍抬，往后小步一退，前脚拭地，往后小步一拖是也。

跟步者，枪守中门，拖步硬进，用枪恍扎〔三〕，身手吞枪，左脚稍抬前进，右脚略起直跟，并力栽扎，无不得人。欲使三扎法，非用跟步不能巧也。退使亦可。

〔一〕腿，据上下文所补。

〔二〕下，据文义，疑为『不』字之误。

〔三〕恍扎，假装扎枪。

枪有三件大病

一、立身法不正；二、当扎不扎；三、三尖不对。凡炼（练）〔一〕枪，须先立势，势有上、中、下，惟中四平势，为诸法之尊。其势两手拿枪，后手着腰，前手中平，身正略蹲，前脚尖对枪尖，前肩尖对脚尖，所谓『三尖紧对』是也。果能枪熟至极，心手相忘，有空即扎，则无病矣。【须至心能忘手，手能忘枪，方为妙也】

守法有三

一曰勾振〔二〕守法

如伊枪上下左右来扎，我用勾、振二法遮挡前进，勾中带挑，振中带盖，上振下勾，勾而复振，振而复勾，循还（环）〔三〕互用，得势就取，可使响进、进响之法。【见可而进，知难而退】

二曰批（劈）掤守法

如伊枪上下左右使扎，我用批（劈）、掤二法，招架后退，批（劈）中带拦，掤中带乾〔四〕，上

〔一〕炼，据文义，有锤炼技艺之意，当作『练』字。后同。

〔二〕勾振，常用防守型枪法。

〔三〕还，据文义，应为『环』字之误。后同。

〔四〕乾［gān］，文中多次出现『外乾』『串乾』『乾手』和『掤乾』等动作名称，据注解，疑为双手用力使枪杆成内拧外翻的螺旋形的动作。

掤下批（劈），批（劈）而复掤，掤而复批（劈）。批（劈）时枪尖着地，紧借地力，一掤而掤，最省力，又耐战。连用不断，乘隙进扎，亦可使『响进』『进响』之法。

【惟有劈、击二法，于阵前用之甚宜。劈者，枪头起不过五寸，直劈而下，前手尚□进不肯着地，后手一出，以刺其心喉；击者，左右击之也，我先虚，搭彼枪，我枪自右转下，彼枪自左转上，我又从下转左击之也】

【杆直不着地更好，双手立执使平，一股筋（劲）〔一〕更硬且密】

三曰提接守法

如伊枪上下左右连恍（晃）〔二〕带扎，虚实难防之际，我专用提、接二法，藏身硬进。何为提法？伊下恍扎，不论左右，我枪提高过肩，枪杆贴胸，枪尖垂下，管定他枪，膀腰着力，挨步急进，枪尖将近伊手，或过伊前手，我用坐请枪法，后手贴胸往下一搬，前手掌住往上稍撅〔三〕，腿蹲足沉，准扎伊脐。伊进我静，用之更准，亦可用黑虎入洞枪法。如二人俱用滴水枪势〔四〕，粘住枪杆，进退不得，

〔一〕筋，据文义，应为『劲』字之误。后同。

〔二〕恍，据文义，当作『晃』字。后同。

〔三〕撅，有拔起、挖掘、击之意，据文义，此处应为拔起之意。（王力、岑麒祥、林焘等编古汉语常用字字典（第5版），商务印书馆，二〇一六，第二一五页。）

〔四〕滴水枪势，长枪枪法。

我自枪下，左脚暗上，左腿一弯，右手收枪，前剩尺余。左股〔一〕紧靠左膝，右腿往后直拖，右手用力，自伊枪底，往前猛扎中伊小腹，不能逃也。如伊仍用滴水硬拦我枪，我则右腿往后拖转，左腿仍弯，如枢〔二〕不动，随伊速转，仍扎伊腹。

【坐请枪法最为良，静以待动，此法准极】

【左股初当硬直，后宜有弯，靠腿右股，初则大曲肩，手近封胸，枪稍离，后则一搬外送，此黑虎入洞之法也，亦可用。彼此用滴水枪势，我左脚大上一步，插伊当（裆）〔三〕里，势如骑马，我枪自伊里门拔起，瞒过伊枪杆，向伊外门扎伊左胁，我左股大曲，以左肘尖紧接左腿，挡住伊枪，左手往上大仰，用左手面勾住伊枪，右手微高刺伊左胁。伊退我进，亦不能逃也】

何为接法？伊上恍扎，不论左右，虽不粘杆，亦用接杆手法。前手稍阳，后手略阴，枪杆粘腹，枪尖微起，若接住彼枪，即不令彼入，亦不放彼出，两手用力，硬拥直进，扎彼面门，无不中矣。

【凡千枪万枪，皆用接法，以我枪接住彼枪，分毫不离，如粘住一般，得扎即扎，不得扎则随之。彼进我退，彼退我进，彼急我亦急，彼缓我亦缓，心怀欲扎之势，二目窥其精神，见其有欲扎之机，即急扎之。故曰『后人发兮先人至，顺人势兮借人力』，此之谓也】

〔一〕股，腿。

〔二〕枢，门上的转轴，古星名，北斗星的第一星，也叫天枢。（王力、岑麒祥、林焘等编古汉语常用字字典（第5版），第三八一页。）文中的『枢』，比喻动作稳重。

〔三〕当，据文义，应为『裆』字之误。

若我枪太硬〔一〕，用筋（劲）稍斜，略离中门，向伊左边扎去，伊枪自我枪下串（穿）〔二〕过，一提，伊枪在我腹前，我枪在伊杆外，我用拥门，我错（措）〔三〕枪法，身直步进，紧贴伊杆，用前手腕管住伊枪，后手一提，栽法扎伊左肋，又为外门之一法耳。夫提、接二法，须得兼用，不可稍离。伊忽上，我忽接；伊忽下，我忽提。提接交加，连环运用，身步齐进，方为全美。【平使亦可】是以步步须前进，时时要取直，于人未发之先，相机而进；既发之后，乘势而进。不过就势破势，因法破法，总要胆壮力强，眼明手快。其进锐，其退速，其势险，其节短，不动如山，动如雷电。响而后进，进而后响，分别明白，可以语枝（技）〔四〕矣。

【响者是人响，凡人身、面、手、足，我枪尖扎着之处，未有不响者。响后速进，直用跑步，将枪收短，进后再扎人，不又响乎！循环用之，诚为妙术也】

〔一〕枪硬，与『枪软』对应，形容枪的运动态势，如枪法速度快、力量大，没有虚假动作，为枪硬；反之则为枪软。

〔二〕串，据文义，应为『穿』字之误。后同。

〔三〕错，古文中通『措』字。后同。

〔四〕枝，据上下文，应为『技』字之误。

上平枪〔一〕法有七

闯鸿门〔二〕

无论左右，人枪扎否，我并不用遮架，但将身法端个至平至直，枪贴心上，枪头微高，后手固根不动，前手稍立紧持，左右两下着力排开彼枪，直取正中。连身挨步，向面一扎，手吞脚跳，身随枪进，捉攻硬上，栽扎咽喉。彼虽急退，亦难躲闪，所谓『枪里藏身，中间一点难招架』也。

谱中有云：中平枪，枪中王，高低远近都不妨。高不拦，低不拿，当中一点难遮架。去如箭，来如线，指人头，扎人面。来得紧，去得硬，不遮不架是个空。即此法也。

【劝君对敌莫恍（慌）〔三〕忙，持枪平稳把身藏。此枪榜（搒）〔四〕在下平里门使极好】

【伊枪扎来，亦可先使抱琵琶枪法，左手往里一卷，曲肘靠身，右手往后摅枪直沉，将伊枪领过，我枪尖紧对伊喉。如伊欲退，我左股往前一伸拥进，即是闯鸿门枪法。二法参互用之可也。如伊先使

〔一〕上平枪，明清枪法术语。上平枪是比中平枪势略高的持枪姿势，将枪端在自己的齐胸高度，枪不必紧靠胸上，双腿微直，较中平枪势略显轻松。（中国武术大辞典编辑委员会编著中国武术大辞典，第二七二页。）

〔二〕闯鸿门，长枪枪法，即抛梭枪。戚继光的纪效新书·长兵短用说篇·二十四枪势的『闯鸿门势』：『乃抛梭枪法。身随枪进，闪坐剁拦，捉攻硬上。经曰「六直」，妙在其中。用长固贵短，用短贵长，此艺中妙理。短而长用者，谓可御彼长。长入短，不中，则反为长所误。故用长以短，节节险嫩，就近身尺余，法便不老。彼见我长，安心欲使我进深无用，我忽节节短来，彼乃智屈心违，仓卒使彼对我不及。此用长之妙诀，万古之秘论也。』（同上书，第二七五页。）

〔三〕恍，据文义，当作『慌』字。

〔四〕榜，据文义，应为『搒』字之误，掩盖、敛藏之意。

抱琵琶枪法，我即连吞带进，左股大曲挡住伊枪，右手高起，紧刺伊喉。伊退我进，此枪捞在下平里、外门使更妙】

上平断门枪法

伊枪往里门进扎，我将枪向后一摅〔一〕，前手把定枪裤〔二〕，指伊喉心腹，后手把定枪杆〔三〕，枪钻〔四〕着地，双手下沉，硬而有力，此系请中带进，两腿磨膝，跑步直进。惟有此枪得人甚准，不能破也。

上接枪

伊若从里门扎来，我将枪向后一吞〔五〕，两手前后撑开，枪杆贴腰，枪尖指伊咽喉，进用跑步。

猛虎抬头

伊枪自里门进，我将枪向后一吞，前手用底皮筋（劲）立执，后手用上皮筋（劲）下沉，枪杆贴跨（胯）〔六〕，尖挑伊喉，进用磨膝跑步，此亦静中之动也。

〔一〕摅[shū]，有散步、抒发、腾跃之意。据文义，此处应为腾跃之意。（王力、岑麒祥、林焘等编古汉语常用字字典（第5版），第三八二页。）

〔二〕枪裤，据文义，应指枪杆前半部分，

〔三〕枪杆，据文义，应指枪杆后半部分。

〔四〕枪钻，即枪把端。

〔五〕吞，据文义，应为枪的回收动作。

〔六〕跨，古文中通『胯』字。后同。

老虎入洞

伊用上平枪端个四平，我欲自里门进枪，伊必将枪转下，用坐请枪指我小腹。我则乘伊未转之先，将枪略吞尺余，枪钻近地，枪尖挑伊咽喉、下海〔一〕，身腿蹲曲，两手着力下沉，枪杆贴腿，磨膝跑步，一直速进。

直拥〔二〕枪

不论伊枪吞否，自粘着我杆，我枪亦不论吞否，枪尖不动，两手下沉，身蹲腿曲，一直拥进，硬扎心喉。进用跑步，外门直错亦可，上平枪可破八九。

回马枪

此枪与人交锋，彼枪力甚勇，难以取胜，我便回马诈败，彼若赶来，我用枪向后一顺，觑彼将至，我将身向后一扭，撑枪取彼咽喉。彼错（措）手不及，两来相就，极难招架，乃诈败取胜之枪也。腿法用磨膝腿，前手向上，正对咽喉，后手向下，枪尖直刺咽喉也。

【此枪亦可硬转，身回须用顺步，左脚大上，自伊杆下，我枪尖猛起，直扎，不用招架，准刺伊胁，跑步而进】

〔一〕下海，疑指下海穴，在肩颈交界处。

〔二〕拥，山西、河南等地方言，据文义，此处有直刺之意。

中平枪法有三

转还枪

我用双手执枪，自伊杆下，向伊左胁一恍（晃），伊若劈时，即转伊杆上，扎伊气眼〔一〕。

硬还枪

仍用我枪向伊杆下恍扎，伊若劈着我枪，我亦转伊杆上，扎伊气眼。

【我亦可左脚大上一步，右脚稍上于左脚之前，左手虚把擎枪，右手将枪送出，贴伊杆底，扎伊前手，带刺左胁，伊必批（避）〔二〕闪。我又左脚大上一步，稍略吞枪，左手微高，右手略沉，转伊杆上，刺伊心喉，跑步而进】

中接枪

彼此枪皆滴水，或俱枪尖着地。伊欲起扎我气眼，我先接住伊杆，扎伊气眼，此三扎法。伊若身横股曲，可以扎上；伊若身正股直，扎即不准；伊虽里门甚密，伊外门必定有空，我即用拥门，找错（措）枪法扎之。大凡枪法，纵精演极熟，亦必乘机得势，用无失也。

【足微吃枪，方能还枪。使此三扎法，如伊身正股直，挡住我枪，我亦可用猛虎抬头枪法，跑步而进】

〔一〕气眼，疑指气穴，位于腹正中线脐下三寸位置。
〔二〕批，据文义，疑为『避』字之误。

下平枪法十有三

响而后进

伊若擎枪[一]作势，不论伊扎与否，我仍架正身直，立手势枪。枪杆贴腹，枪尖微起，守住中门，拖步前进。须从里门用枪，前节管住伊枪，自伊杆上指胸一扎，后手稍提，前手略垂，枪又贴胸，身暗吞枪，躥跳直入【暂步跑步皆可】，自伊杆下，栽扎伊腹。任伊如何遮架，不能免吾之枪入彼怀也。【自古枪法，中门至要。伊取我上，我取其中，伊取我下，我亦取其中，我必先到，伊必落后。盖以中门之路，近也】

进而后响

【身暗（谙）[二]吞法，初当口授，终得意会。人果知能，可为枪矣】

伊若执枪不动，我用诓赚之法，以枪不时恍扎伊腹，伊必用枪批（劈）落我枪。伊若批（劈）挫，必离中门，专视有此破绽，亦从里门，贴伊前手底下，向伊腹一恍（晃），随即手提身吞，跟跳步入，枪仍贴胸，后手往下一搬，前手往上稍撅，腰胯前踊，栽扎伊腹得人更准。【此枪摘在外门使亦好】

使诸扎法，吞枪吐枪，不离胸腹，前股硬直，不可有弯，三尖相对，进退皆然。但诸法之中，惟逃此枪者，亦或寡矣。

〔一〕擎枪，举枪。

〔二〕暗，据文义，应为『谙』字之误，有熟悉、知晓之意。

有栽筋（劲）最难，果然身能吃枪，跟步跳入【暂步跑步皆可，功久自知妙用】，膀腰手足一齐提沉，方为得法矣。总得精演纯熟，深明一贯，自能推出枪外之枪，法外之法，以至于无影无形，神而明之，存乎其人，不虚语也。

【枪法与兵法相似，总不外出其不意，攻其无备也。其最要者，守中带扎，扎中带守，无论守扎，枪尖时时对彼心喉，庶〔一〕彼枪不能入，而我便于守扎，所谓『枪扎一条线』是也】

下平断门枪法

不论伊枪上中下平执而不动，我则用枪贴伊杆下，单手出枪，穿伊前手，直扎左胁。我若扎时，左脚上一大步，右脚紧上于左脚之前，如扎着伊胁，即用跑步，自随枪进。伊若将我枪劈于地下，我右手将枪向后一拉，收吞尺余，左手往前一摅，左脚往前上一大步，伊枪起时，我枪紧随伊枪，起扎伊胁。伊若退闪，我用跑步跟扎，我亦许双手出枪，自伊杆下，向伊左胁，枪尖斜朝杜〔二〕伊进枪之门。伊若劈枪而起，仍用前法扎之，伊若劈而不起，伊亦枪尖着地，□挡我枪，我自伊里门起收我枪，从伊杆上，入伊外门，扎伊左胁，随枪跑进。

【如伊枪尖着地挡住我枪，我亦可连吞带起，用猛虎抬头手法，枪尖指伊咽喉，枪钻着地，步用磨膝】

〔一〕庶，几乎、差不多。

〔二〕杜，有阻塞之意。

破断门

大凡进枪，自里门者居多。伊枪若用下平势指我左胁，断吾进枪之门，我亦用枪指伊左胁，不论伊枪扎否，左脚先上一大步，右脚紧上于左脚之前，我枪直去先刺伊左手，并扎伊右手。我速右手提枪过头，左手仰持，左股稍曲，有力，枪尖在伊外门左手之下，吞枪跑步而进。伊若不动，栽扎伊胁，伊若自上串（穿）在里门扎我，我枪尖不动，复在伊里门左手之下，身手吞枪，两手下沉，枪尖微起，栽扎伊腹。伊若架低里门守密，伊外门必定闪出，我即自上串（穿）伊外门，扎伊左胁。

连还（环）枪

伊若执枪不动，我用枪自伊杆下扎伊前手，扎时左脚抬起，枪着〔一〕不回，复又一枪扎伊左胁，脚方上步落地，手身吞枪，跑步直进，复连栽扎，此枪得人十分准也。

勾挑枪

不论伊枪自我下平里、外门扎来，我则枪尖朝下，将彼枪连勾带挑。彼枪开出，我则身蹲腿曲，前手把住，后手下沉，枪尖微起，自伊杆下刺伊小腹【亦可自伊杆上枪尖高起，指伊咽喉，用磨膝跑步】。此枪转（专）〔二〕破下平，亦十分准也。

〔一〕着，招式，这里指枪法架势。
〔二〕转，古文中通『专』字，专门之意。

底（低）[一]接枪

我自伊枪里上皮（劈）[二]进，伊枪忽转我杆之下，我即将枪一吞，枪尖略下，枪钻微高，左脚上一大步，右脚往前一拖，身蹲腿曲，我枪贴伊杆下，前手立执，后手下沉，枪尖微起，扎伊小腹。伊用底（低）接破我，我仍用底（低）接还扎。

抢门枪

彼此用滴水枪粘住，伊欲起枪扎我，我用双手紧持，以我枪斜隔彼枪，随伊枪起，前手上撅彼手下沉，扎伊左胁。

【亦可用丁步站立，左手虚把擎枪，右手往来送枪，自伊杆下恍扎，伊批（劈）我枪落地，我左脚大上一步，左手往前摅枪，右手往后抽枪，我枪随伊枪起，用老虎入洞手法扎伊左胁】

【亦可左脚上一大步，右脚稍上于左脚之前，两腿磨膝，我枪仍自伊杆下恍扎，伊批（劈）我枪落地，我左脚又上一大步，左手往前摅枪，右手往后抽枪，我枪仍随伊枪起扎伊左胁】

夺缴枪

此枪全得身法、手法。如人用枪扎我里门，我方自伊杆下，正直刺枪而进。彼又转外门来扎，我身腿向下一蹲，以我枪将彼枪向下一夺，彼枪落地；以我枪将彼枪勾住，向内一缴，向外一摔，左手

〔一〕底，古文中通『低』字，指身体重心下降之意。后同。

〔二〕皮，据文义，应为『劈』字之误。枪法技术动作。后同。

往上一朝，右手下沉，我枪尖直扎伊腹。

【亦可左脚大上一步，右脚又大上一步，左手撤枪贴于右肩窝之下，右手单出，贴伊里门杆底，向伊前手扎去，并刺伊左胁。伊批（劈）我枪落地，我又左脚大上一步，左手微高，往前一摅，右手略沉，往后稍收，我枪紧随伊枪起，扎伊腹，步用磨膝，身腿低曲】

平缴枪

伊枪在我杆下，朝我左胁，我双手擎枪执而不动，杆贴我腹，自外门从伊枪前截上皮（劈），平找伊枪，里皮（劈）中截，以我枪前截，又找伊枪，后截底皮（劈），将近伊手，膀腰一恍（晃）〔一〕，将伊枪平缴开去，自伊杆下扎伊小腹。

闪挪枪

人若从外门取我前手，我将身手向下一沉，彼枪扎空，我便两手一抖，从彼枪下偷过我枪，彼枪让在里门，将身一起，自伊杆下扎伊左胁，此亦最细〔二〕之枪也。

【将伊让在里门，若伊枪落地，亦可自伊杆上，刺伊咽喉，遂即吞枪，身步齐进，两腿磨膝，左手把定枪杆，枪尖紧对伊喉，右手把定枪杆，枪钻着地，俱用沉劲。凡使此枪，无论上下，单手出枪，快而虚；双手出枪，迟而稳】

〔一〕恍，据文义，当作『晃』字。

〔二〕细，据文义，应为精细、细腻之意。

【纵千言万语，总是哄他旧力过去，新力未发而乘之，无不得人也】

不招不架

如我里门方进，彼向后退，此乃诓身之计也，我必留神小心，仍向前直进。彼若将枪变于外门，不可轻进，只将身向下曲，专视其枪来。如过关，方可进；如不过关，不可轻进。关，即前手也。务要待彼之枪过我前手将至吾身，我便乘机抖起，自伊杆下扎伊左胁，亦甚准也。彼愈退，我愈追，须用跑步。

急三枪

伊执枪未扎，我先用枪扎伊左脚，枪钻朝上，枪尖朝下，伊必来挡；我忽转上，枪钻朝下，枪尖朝上，准撩〔一〕伊眉。伊若再挡，速又转下，扎伊左胁，愈快愈准。如我撩伊眉，伊若撑挡，我则硬直拥扎刺彼面门，复栽伊胁。

【格外有守门〔二〕、叫门、抢门、断门、绝户五法。其中奥妙，口不能言也】

〔一〕撩，枪走立圆，力达枪尖的进攻型枪法。
〔二〕门，指门户，防守架势。

演法有三【一曰吞吐〔一〕演法】

入怀内一栽得人，不然枪尖顶住，如何能入他人之怀也？有吞必有吐，如彼向外退，我则前手掌住，后手往前一送，身腰往前一抖，枪出指彼心腹，再吞再吐，不拘其数吞吐。

凡托枪直入人怀，须用吞枪法，将枪向后一摅，前手把定枪梢，后手把定枪杆，方可入人之怀，此乃手吞枪也。如身吞枪，则异，是后手提枪，前手掌住、专用跟步，身随枪进，暗之法常宜习演，不可间断，愈习愈精，愈熟愈巧也。〔二〕

【一曰吞吐演法。凡托枪直入人怀，须用吞枪法，将枪向后一摅，前手把定枪梢，后手把定枪杆，方可入人之怀，此乃手吞枪也。如身吞枪，则异，是后手提枪，前手掌住，专用跟步，身随枪进，暗入怀内，一栽得人。不然，枪尖顶住，如何能入他人之怀也。有吞必有吐，如彼向外退，我则前手掌住，后手往前一送，身腰往前一抖，枪出指彼心腹。再吞再吐，不拘其数。吞吐之法，常宜习演，不可间断，愈习愈精，愈熟愈巧也】

二曰拶振演法【拶音赞，逼也。振音橙，撞也，触也】

〔一〕吞吐，身法和劲道运用的表现形式。一般缩为吞，伸为吐。也有的地方称收为吞，发为吐；合为吞，开为吐。（中国武术大辞典编辑委员会编著中国武术大辞典，第三一四页。）

〔二〕以上两段为抄本该部分的正文，一段即为一页，共两页；与下文的眉批对照，发现正文两段文字的顺序发生颠倒，致使文义难通；而眉批的内容即是将上述两段文字的顺序再颠倒过来，这样更好理解。

丁步端枪，紧对三尖。又着：他人手持短杆，用上寸筋（劲）左右拶之，初拶枪动，不动功成。又拶，进步振，连步前拖，随进随拶，愈拶愈进，更拶，退步振，将步后拖，随退随拶，愈拶愈退，皆以枪不动为成功也。

三曰扎牌演

先用单枪空试身法、手法、步法、守法、扎法、吞吐进退之法，复以二十步〔一〕内，立木牌一面，长五尺〔二〕，宽八寸，厚六寸，埋于地下二尺，立地余有三尺，上分喉心腹三处，每一人执枪，二十步外擎枪作势，飞身向前。进用拖步，将近牌时，使三扎法，手身吞枪，跟步蹿跳，照准木牌踊〔三〕栽扎去，不计遍数，喉心腹三处俱对枪尖，方为合式。如能扎透几页木牌，功筋（劲）成矣。然后二枪对试，直正交锋，仍用三扎法之再求精奥，奥亦或可耳。

【更宜用鸭踏步进，身蹲腿曲，磨膝而行，连脚赶上，疾如飞电，前股立执，后直下沉，杆贴至腿，硬守中门，有空急扎，身随枪进，伊扎吞接，静能刺动。人下苦功，自然知新，达而化之，可为神矣。大凡进枪，双手齐扎，能随枪进，单手出枪，步难并进，宜细味之。至于恍扎，须用单手，彼枪不动，先扎伊手，伊若来扎，乘其来扎之际急扎伊手，扎开吞进，直跑彼怀。故云：枪是伏腰锁，先扎手合

〔一〕二十步，按常人每步步幅约 75 厘米计算，约为 15 米。

〔二〕清尺分为裁衣服尺（一尺约 35.5 厘米）、量地尺（一尺约 34.5 厘米）、营造尺（一尺约 32 厘米）。谱中长度均按照营造尺一尺约 32 厘米、一寸约 3.2 厘米计算。（丘光明：中国古代度量衡，商务印书馆，一九九六，第一二九页。）

〔三〕踊，据文义，应为跳跃之意。

（和）〔一〕脚，疾上又加疾，扎了还嫌迟。此亦枪中之至要也】

梨花枪三十六路

初演有定步月记

丁步站住，枪端四平。伊枪扎我里门，我自左向右，阳手翻阴，拥出伊枪。我左手撒枪，放于脐下，右手扎去，右脚随上步，用磨膝，枪尖点地，速将右手、右脚一齐退下，左手接枪，仍用丁步，枪端四平。伊枪扎我外门，我自右向左，阴手翻阳，掊〔二〕出伊枪，后俱同前。如是两人循还（环）对扎。

有赶步月记

若拥开伊枪，撒手扎去，右脚上一步，不必退下，枪尖点地，左脚紧上，两手端枪，又掊开伊枪，撒手扎去，右脚上去，不必退下，枪尖点地，左脚紧上，两手端枪，如是。两人一进一退演之。

有点封

伊枪端平不动，我用弓撑步站住，立手执枪，自伊杆底下，往左边一挑，又自伊杆底下，往右边一挑，如是连点不辍。若伊退，我进活步，点之更妙。

〔一〕合，据文义，当作『和』字。

〔二〕掊，据文义，应为击打之意。

有三转

伊从里递枪，我上一步，枪端上平。前手阳翻阴，后手阴翻阳，自左向右，里封他枪，指彼咽喉。伊仍从里门递枪，我前手阴翻阳，后手阳翻阴，自伊杆下，平串（穿）于右。左脚上一步，前手阳翻阴，后手阴翻阳，自右向左，外封他枪。右脚上一步在前，左脚在后，枪指彼喉。伊又自外门递枪，我枪平下串（穿）左，左脚上，右脚跟，又枪端上平，前手阳翻阴，后手阴翻阳，又自左向右，里封他枪，指彼咽喉。如是连还（环）封演，不计其数，愈熟愈好。

大转还 第一路

外转里转，外转里转，外转里封。勾撑扎，跳出，挂合。勾撑扎，跳出，挂扎，转封查（扎）〔一〕。

小转还 第二路

外转里转，外转里转，外转里撑。勾撑扎，跳出，挂合。勾撑扎，跳出，挂扎，转封出。

提转还【内有麒麟献彩，边进缚股】第三路

里封空提，伊抄起底扎，我勾献彩，接封边进，缚股勾撑，后俱同前。

劈转还【先扎跳拈，内有双撑双挂】第四路

里封挑拈，封空，擒起合回，伊撑我撑，伊挂我挂，串（穿）乾勾撑。

〔一〕查，据文义，应为『扎』字之误。

底转还【内有左隔、右隔】第五路

谎（晃）〔一〕扎串（穿）乾，封空串（穿）乾，左隔右隔，左隔右隔，左隔陂（劈）〔二〕封，跪膝起接，点地步勾撑。

一门三竿（杆）〔三〕【内有卧虎，蹿山吞吐】第六路

里封平欺，里封外封，摆串，卧虎蹿山，吞吐，劈撑勾撑。

陂（劈）枪【内有查合，先扎，擒起】第七路

里封擒起，接封陂（劈）进，仰手乾扎，起查（揸）〔四〕合出，撑点出，挂合勾撑。

掤枪【内有合枪掤乾】第八路

里封外封，欺住合枪，勾空掤乾，平串（穿）接掤，劈撑勾撑。

发枪【内有双合双挂，中有单撑】第九路

我外直封，伊外直封；我里直封，伊里直封；我合，伊合；伊出，我跟；伊挂，我串（穿），撑挂勾撑。

〔一〕谎，据文义，应为「晃」字之误。后同。

〔二〕陂，据文义，应为「劈」字之误。后同。

〔三〕竿，据文义，当作「杆」字。后同。

〔四〕查，据文义，疑为「揸」字之误。后同。揸合，双手用力搓合发力动作，类似拧杆动作。

乾枪 第十路

我里封，伊拈掤；伊里封，我拈掤。里缠勾撑，点出串（穿）挂。伊外乾进缠，我跳退勾里乾外，乾里乾外，乾里乾勾，空里乾勾撑。

近身八变 第十一路

伊打挺，我闪；伊逼，我上卫；伊拦，我亦拦；伊上串（穿）挑袖，我跨（胯）合；伊底卫，我拥门找错（措）；伊上提扎脚，我外勾里撑，里勾外挂，里撑勾撑。

十面埋伏 第十二路

伊里封空，我转外劈；伊外封空，我转里劈；查（揸）合跳出，里撑外勾，里撑，里勾外挂，里撑勾撑。

鲤鱼打挺【亦名『青龙出水』】 第十三路

伊谎（晃）扎，我撑空挂撑，双点挂空，里乾勾撑。

鲤鱼打挺【内有勾撑挂撑】 第十四路

打挺勾撑，勾挂，空撑勾撑。

穿指 第十五路

里封穿指，接劈空，接乾，劈撑勾撑。

出枪【内有穿袖】 第十六路

拈竿（杆）捧提，里缠外逼。伊外翻，我里合；伊里封，我挑袖；伊外封，我里乾勾撑。

查（揸）拈（捻）〔一〕 **第十七路**

里封，掉步，查（揸）拈（捻），挑外，劈撑勾撑。

一撑出 第十八路

里封，仰手乾扎，查（揸）合跳出，撑空挂，空撑勾撑。

上突【内有外乾】 第十九路

里封外乾，里劈勾撑。

底突 第二十路

里封外封，逼跪乾起，里劈勾撑。

大劈 第二十一路

里封外封，掉步点地，外劈撑勾撑。

里劈 第二十二路

里封外封，里劈勾撑。

封劈【内加里乾外乾】 第二十三路

里封外封，里劈，查（揸）合跳出，撑空，外乾里乾，勾撑。

〔一〕拈，据文义，当作『捻』字，用力搓之意。故『查拈』应为『揸捻』，双手发力搓枪杆的动作。后同。

转劈【内加乾劈，查（揸）缠合手】第二十四路

里封外封，伊扎我串（穿），乾劈查（揸）里缠，上步外乾，卸步勾撑。

四封四闭 第二十五路

里封，外封，勾撑。

战枪【内有不架不拿】第二十六路

里封外战，三遭勾，不架不拿，接勾撑。

闪枪【内加乾枪】第二十七路

伊里封空，我串（穿）外封；伊外封空，我串（穿）里封；伊下扎，我勾空；伊串（穿）挑袖，我闪串（穿）合，伊乾串（穿），我点挂空，乾勾撑。

查（揸）枪【内加虚点一枪】第二十八路

我里封空，伊掉步，点封扎，我外劈空，里撑逼；伊翻，我乾里封空，外封空，中扎；伊中勾，我撑勾撑。

边枪 第二十九路

里封，掉步底串（穿）；外封，上步底穿；里封，掉步底串（穿）；外封，上步底串（穿），里封勾撑。

硬缠 第三十路

我里封，伊上步横驼；我卸步荷起勾挂，伊挂空，我串（穿）乾勾撑。

破转还 第三十一路

我里封空，外封串（穿）合，伊封空，我接转，伊合，我封空，伊接转，我合勾撑。

缠封 第三十二路

我递枪，伊里封空，下串（穿）点封，我上串（穿）点封，我扎，伊里封，我里封，伊外封，我外封，撇跳进，点地步，献钻勾撑。

临地翻身 第三十三路

里封外封，勾空合扎，伊外上串（穿），我转点右，左点封接，封勾撑。

双掤双架 第三十四路

里封外封，我下串（穿）合，伊封我串（穿），伊合我封，伊串（穿）我合，串（穿）扎，伊撑点，我点出，挂合勾撑。

拈掉提橹 第三十五路

里封外封，逼挑合回，左右隔空勾撑。

乌龙摆尾【先扎，不架不拿】 第三十六路

外封撇撑，勾外封空，下串（穿）点封，伊上串（穿）点封，伊扎，我外封陂（劈）进，接竿（杆）勾撑。

枪点

里上平〔一〕

接千【回马枪】，硬推【转还，硬还】，乾【上断门，老虎入洞】，硬拥，封接，封出【闯鸿门】，直封，探海，挑拈，打挺【直拥、大缠】，撑，里劈【外点里进】，拥【风点头，缠挑】，里缠，串（穿）劈，转乾【掤枪】，上卫，底卫，掤，绞，里吞，挂【猛虎抬头，上接，中接，硬进，抱琵琶，铁扫帚】。

里下平〔二〕

掉步查（揸）拈【下断门，勾挑】，滴水，硬荷，铁牛耕地【急三枪，连还（环）枪】，撩腕【夺缴，平缴】，拈干底出【响而后进，进而后响】，里勾【闪挪，不招不架】，提橹吞枪【抢门，边枪】，里剁【底接，坐请】，底突【五（乌）〔三〕龙拱地】。

外上平〔四〕

大劈，合，外乾【外勾，大拿】，擒起【破断门】，逼【逼住他人左肘】，吞【即卧虎蹿山使】，外缠，穿指，措，献彩。

〔一〕原谱的『里上平』后有『⊩』这一图形符号，疑为序号，待考。

〔二〕原谱的『里下平』后有『〡』这一图形符号，疑为序号，待考。

〔三〕五，据下文，应为『乌』字之误。

〔四〕原谱的『外上平』后有『〣』这一图形符号，疑为序号，待考。

外下平〔一〕

外勾，滴水硬挑，巧女任（纫）〔二〕针，外撩腕，乌龙拱地，外提吞【拦枪】，外剁，掉步单撒手，死蛇榻（塌）〔三〕地，拥门找错（措），自拥向错（措）挑袖。

枪杆式

长枪，后手要粗可盈把，庶有力。若细，则掌把不壮。枪杆（腰）〔四〕要从根渐渐细至头上，如腰粗则硬，强不可拿；腰细则软而无力，虽手法之妙，不能拿捉他枪开去也。枪梢不可辄细，要自渐细方有力，最忌大重，重则头沉，不可举动。枪头重不过四两。其杆，今山东、河南以苗榆，川贵以稠木，浙东以茅筋竹为之，长不过一丈八尺〔五〕。短止一丈五尺，大抵因人之身材，三倍足矣，太长则难刺也。稠木第一，合（柗）〔六〕木轻而稍软，次之。要劈开者佳，锯开者纹斜易折，攒竹腰软不可用。

〔一〕原谱的『外下平』后有『L』这一图形符号，疑为序号，待考。

〔二〕任，据文义，应为『纫』字之误。

〔三〕榻，据文义，应为『塌』字之误。

〔四〕枪杆，纪效新书：十八卷本作『枪腰』，当是，意指枪杆中身。

〔五〕一丈八尺，约为5.76米；后文的一丈五尺约为4.8米。

〔六〕合，据文义，应为『柗』字之误。

咏梨花枪【因得直传，秋阳〔一〕咏之】

自古推杨氏，梨花秘少知。
虚实龙虎跃，吞吐电雷时。
响进藏真蒂（谛）〔二〕，刚柔妙出奇。
果能精一处，不愧有名师。

虚实注解

从来虚能自保，自保则难攻；实必过贪，过贪则易破。虚实之法，全在乎心，不在乎形。心若虚，形虽实亦虚；心若实，形虽虚亦实。枪虽深入，以防敌变，彼若转动，我能随之，不亦实而虚乎？入即不深，视为必胜；有进无退，敌势忽变，束手无策，不亦虚而实乎？是以虚中寓实，实中寓虚，紧相接济，皆可谓不贪之道也。

吞吐注解

用长贵短，短用之法，须手步俱要合一，一发不中，或中不在吃紧处，缓则用步法退出，急则用

〔一〕秋阳，即撰写此谱序文的『秋阳子』。
〔二〕蒂，据文义，应为『谛』字之误。

手缩出枪杆，彼器不得交在我枪身内，彼自不敢轻进。我手中枪就退至一尺余，尚能戳人，与短兵功用同矣。此用长以短秘也。

响进注解

响而后进，进而后响，总得炼（练）到手、眼、身、步与心合一，精熟至极，真能枪里藏身，任他如何凶恶扎来，我自不忙不慌，不用遮架，自能八面固住，直平躏进，向正中而得人也。

刚柔注解

力有刚柔之用，柔居其九，刚居其一。但刚力一用，不过转瞬之时，即变为柔。盖以柔之屈伸返（反）[一]复易，刚之屈伸返（反）复难也。不然，刚以非刚，反成着（拙）[二]力，敌枪一变，无可如何矣。□□（故曰）[三]：过刚必折，此之谓也。或曰：可以柔则独用柔，可以刚则独用刚。曰：非也！柔不离刚，刚不离柔，彼此两相济耳。曰：何以相济。曰：用柔之时，心存刚力。

〔一〕返，据文义，当作『反』字。后同。

〔二〕着，应为『拙』字之误。

〔三〕原文缺失，据文义，似为『故曰』。

刚也，用刚之时，外刚而内柔也。柔中有刚，刚柔相□（济）〔一〕，而莫窥其离合，明相济之妙矣。

若失之软刚……〔二〕

己酉〔三〕小□

绍德堂书

〔一〕原文缺失，据文义，应为『济』字。

〔二〕此段文字原置于此谱的首页，然据其内容，似为『刚柔注解』的一部分，故在校释中作出调整。另外，文末的『若失之软刚』之后，亦应有续文，由此可见，此谱当为残本。

〔三〕己酉年又叫作鸡年。清代属于己酉年的有一六六九年、一七二九年、一七八九年、一八四九年和一九〇九年。据此谱秋阳子序文乃写于道光十年（一八三〇），故这里的『己酉』极可能是道光二十九年（一八四九）。

大宋杨氏枪谱

提要

大宋杨氏枪谱，一册，有版框，基本每页八行，中有彩绘枪势图二十四幅。据谱中题署，其抄录年代为清同治三年（一八六四）二月，然抄录者信息不明。此谱于二十世纪八十年代中期由河南省南乐县寺庄乡的张庆荣捐献，现藏于中国武术研究院，院藏编号为G852.23-27。

现存大宋杨氏枪谱当为残本。诚如谱前苏莲亭『题记』所述，此谱『历年既失，残缺错讹……如起首缺，不知几页』。可能原谱已过于破旧，故张庆荣于民国三十七年（一九四八）十二月，曾将此本委托『北渠头庄』的张广运重新装订，配刻木帙，并题名曰『大宋杨氏枪谱』，以示珍重。

此谱主要由三部分内容构成：一部分是转录自明戚继光纪效新书·长兵短用说篇中的『枪法六合』之论和二十四势枪势图及其释义；另一部分内容则是汇辑了民间流传的多种枪艺精华，具体包括六路枪法、六路破枪法、四十二路散枪法、杨家大枪歌等；谱末辑录了俞大猷剑经中的一些棍法歌诀以及名为『拳法』的两段歌诀。

此谱曾有后人校读，并有少量眉批，这对后人理解谱中内容无疑有一定帮助，然谱中也夹有不少方言用字及异体字、俗写字等，这给阅读带来了一定的难度。

大宋杨氏枪谱影印

書抄於同治三年。迄今百有五年矣。歷年既久。殘缺錯訛。經張廣運訂裝。差有端緒。但仍非完善。如起首缺。不知幾頁。演楊家大鎗戳第一合第二合一頁。錯訂在後邊擒勢之下。臨尾根法總訣歌以下缺。不知幾頁。其他可疑者尚多。無從考正也。再者書既曰演。顯並非出於楊氏。按書中所有。多見於紀載新書。則此書或係戚氏著。但無從證明耳。

蘇蓮亭題

器皆長兵也力可至百步者五十步而後發力可至五十步者二十五步而後發此亦長兵短用之法也長則為之勢險短則謂之節短萬殊一理耳

短兵長用論

夫叉鈀棍鎲偃月刀鈎鐮皆短器也何則彼之鎗一丈七八尺長我之器不過七八尺長若如折習叉鈀之法俱手握在頭下其手外頭

柄不及二尺長、棍亦不過六七尺長、又欲兩手
變使、而兩手握開所剩棍頭不過尺餘、彼之
長鎗閃閃而進、即如流星一般、我就精熟、只
能格得彼鎗不中我身耳、及其我欲進、則彼
原進我叉鈀棍内、不深一縮、又復在外、我不能
撥定彼鎗、使無反手、如何敢進、如此終日我無
勝理、曰短兵利在速進、終難接長持久、即如
所乘、必如總戎公論盧江之法、則所執叉棍

鈎鈀、皆有六七尺在外、彼若以長入我必須進探五尺、被我一格打歪、即用棍内連打之法、下下打在長兵上、如流水點戳而進、彼先進我五尺、我一進又有五尺、是得一丈之勢矣、被我連打、勢不得起、欲抽脱去、豈能便抽一丈長兵之内、則惟我短縱橫、長兵、如赤手空拳矣、此短兵長用之法、千古奇秘、非欺人也、

精一本作静

長鎗總論

夫長鎗之法、始得於楊氏、謂之梨花、天下咸尚之、其妙在於熟而已、熟則心能忘手、手能忘心鎗、圓神而不滯、又莫貴於精也、精則心不妄動、而處之裕、如變幻莫測、神化無窮、後世鮮有得其奧者、蓋有之矣、或秘焉而不傳、傳之而失真、是以行於世者、卒皆沙家馬家之法、蓋沙家竿子馬家長鎗、各有其妙、而有長鎗之異、其用、

兵字一本作短字

惟楊家之法、有虛有實、有奇有正、有虛〻實〻、奇〻正〻、其進銳、其退速、其勢險、其節短、不動如山、動如雷震、故曰、二十年梨花鎗天下無敵手、信其然乎、而施之於行陣、則又有不同者、何也、法欲簡、立欲疏、非簡無以鮮亂紛糾、非疏無以攜挪進退、左右必佐以短兵、長短兵相衛、使彼我有相倚之勢、得以舒其氣、展其能、而不至於奔潰、兵法曰、氣盈則戰、氣奪則避、是以已令將六路

花鎗使手、並二十四鎗名、六合之法、又有六路破鎗法、四十二路散鎗法、並二十四鎗勢、皆繪錄於後、以廣其所傳云、

八母鎗起手

你劄我。我拏鎗。你劄我。我攔鎗。你劄我脚。我顛鎗。

你上劄。我捉鎗。你下劄。我櫓鎗。你上劄。我捉鎗。

你下劄。我顛鎗。你鎗起。我纏攔下。你劄我。我拏鎗。

二字疑是山子施字疑走拖

第一路

小花鎗勢〻寸進、轉謊鎗傳流防身、犯根稍劈面就刺、担山鎗人〻皆驚、轉謊鎗滾手捉拿、劈三鎗鬼怕神驚、倒施一鎗要側身、脚踏滾手獨立定、滾手鎗法罩中平、

第二路

小花鎗碩掄在手、騎馬勢端〻正〻、飛步進白蛇弄風、穿林鎗安身退步、扳一鎗鵓子翻身刺

一鎗碩掄迴去、穿林鎗黄龍轉身去一鎗海底撈月、打一鎗猛虎翻身、和一鎗遮前架後、反一鎗穿林火等、滚身鎗飛步就進、碩掄鎗摇頭擺尾、騎馬鎗定了太平、

第三路

三路花鎗最爲高、黄龍轉身第一條、猛虎倒坐坐灑水勢、白蛇美風擺頭摇、黑旋風週圍亂打一炷香側轉身摇、劉一鎗撤手捧腰、拴一棍最

難防寄山條倒手棒黃龍轉身、一字鎗碩掄鎗烏龍擺尾、尚步背劍把腿搖、搯推一鎗即收迴、背翻一鎗似沈雷、起大梁撤步就打、琥一鎗明君定勢、落尾鎗秦王摩旗、

第四路

一舉東方說邵陵、朝天望月鬼神驚、武丁抱月開山斧觀音倒坐、灑水勢馬駕神鎗分兩路嚇退宏軍百萬兵、追風只怕方天戟、使鎗休錯定

南針開路旋風黑煞神、齊天大聖居隆尊、一炷信香焚起去、擠住老祖不出門、

第五路

五郎提鎗是根棒、隨身變化只要提、前打八尺龍擺尾、後打一丈虎翻身、打一個左騙馬班番浪、打一個右騙馬猛虎進、巧女挽手鎮五臺、隨身棒劈身磔五臺小僧、誰不怕若問此鎗名合姓、楊門留就武將家、

第六路

騰陽舉手六路棍、推根揑稍抽步迴、打兩棍猛虎翻身、琓一鎗轉身橫担一條蟒、犯根稍玉女穿梭、打兩稍烏龍擺尾、琓一鎗、十字棍滚身就進搠根子栽稍子緊攔護膝、滚身鎗定執勢白蛇吐信、穿林鎗鷂子翻身、搠一鎗金龍捕地、推一鎗大現神通、剪一鎗隨身抱月、推一根揑一稍滚身不全、推一根尚一步騰陽棍晝夜相停、

又總花鎗使手法、

六路花鎗玩個遍、二十四鎗只、要提、一鎗三鎗皆同理、七十二鎗定要提、底棚他把中棚降、中棚他把上棚擒、惟只一鎗最難習、還手接鎗即是遲、此鎗學到三年整、工夫到了手自提、伸手能抓千尺蟒、眼快那怕鵰翎提、勸君休將吾埋怨、要你專心加工習、有人參透色鎗意、進得門來就足寔、

以下二十四鎗名

抱○鈎○偃○呂○封侯勢　金

觧曰、抱是抱月鎗、鈎是鈎掛鎗、偃是偃月鎗、呂是灑水鎗、

方○穿○掤○領○烏龍鎗　木

觧曰、方是方天戟、穿是穿袖鎗、掤是掤奪鎗、領是領拏鎗、

門○邉○騎○追○穿林鎗　水

觧曰、門是迎門貼扇、邊是邊攔鎗、騎是騎馬鎗、追是追風鎗、

拐還轉摺小花鎗　火

觧曰、拐是拐子馬、還是還手鎗、轉是轉謊鎗、摺是摺拏鎗、

大神鎗推開門戶小神鎗引進入門大梁鎗森森利害小梁鎗奔走無門

騰行太陰

騰是騰陽棍、行是行者棍、太是太祖棍、陰是陰手棍、

騰陽棍打開門戶、行者棒堵住洞門、太祖棍打遍天下、陰手棍下了絶情、大神鎗推開門戶、小神鎗變化無窮、封侯鎗劈面就刺、拐子馬一溜斜行、四平鎗収來放去、穿袖鎗緊去如風、鈎掛鎗他有閃貼、方天戟手搭天庭、灑水鎗觀音倒坐、定南針撑住乾坤、追風鎗進步就走、滚手鎗

緊刺當胸、偃月鎗神通浩大抱月鎗緊要隨身、
烏龍鎗摇頭擺尾、中平鎗胆戰心驚、大梁鎗森
森害怕、小梁鎗奔走無門、騰陽棍青龍現身、穿
林鎗鷂子翻身、大番鎗黃龍探爪、小番鎗寸步
難行、撒手棒遮天影日、雲磨响賽過雷聲、黑旋
風週圍亂打、出洞棍振動乾坤、陰手棍如老母
打遍天下、偷火勢似老公打碎乾坤、棚奪鎗甚
是力大、小花鎗吐進入門、轉譑鎗是來頑哄、望

學者緊記當胸、

○○第一合

先有圈鎗為母。後有捉（封閉）拏梨花擺頭鎗。救護要分明。裏把門。外把門。閃賺使花鎗。

名曰秦王摩旗

法曰、我劄你。你拏鎗。還鎗。我拏鎗。我劄你。你攔鎗。還鎗。我攔鎗。你劄儘頭鎗。我顛鎗還鎗。你拏鎗還鎗。我拏鎗。你劄我。我拏鎗。閃賺花鎗上。冰

拏鎗還鎗。我拏鎗。你劄我我攔鎗、閃賺花鎗上
你攔鎗還鎗。我攔鎗。你劄儘頭鎗。我顛鎗。閃賺
花鎗上。你拏鎗還鎗。我拏鎗。搓花鎗。乃秦王磨旗。
。。第二合
先有纏鎗。後有攔鎗。黃龍點杆。黒龍入洞。拏鎗
救護。閃賺使花鎗。
名曰鳳凰點頭
法曰、我纏你鎗。你劄我。我攔下還鎗。你攔下還

鎗。我攔鎗。你劄我。我拏下。你鎗起。我隨鎗纏拏下。你攔鎗。我還鎗。你拏下還鎗。我掤退救護拏你鎗。你劄我。我攔下。我搖花鎗。乃鳳凰點頭。

○○第三合

先有穿指。後有穿袖。鷂子撲鵪鶉。救護閃賺使花鎗。四面是鎗法。

名曰白蛇弄風

法曰你劄我。我拏下。閃賺。花鎗上。你拏鎗還鎗

我拏鎗。你劄我。我攔下。閃賺花鎗上你攔下還鎗。我攔鎗。我搖花鎗。乃白蛇弄風

○○第四合

先有白拏鎗。掤退鎗。救護。後有白攔進步。如貓捉鼠鎗。救護。閃賺使花鎗。

名曰錢掃箒

法曰。我白拏進步上劄你。你拏鎗還鎗。我掤退救護。拏鎗。我白攔進步上劄你。你攔鎗還鎗。我

攔鎗。我白顛進步閃賺花鎗上戳剳你。你拏鎗還鎗。（我拏鎗）我搖花鎗。乃錢掃箒。

○○第五合

先有四封四閉。後有死中反活。無中生有。迎封接進。閃賺使花鎗。

名曰撥草尋蛇

法曰、你剳我。我拏鎗。進步剳你。你拏鎗還鎗。我拏鎗。你剳我。我攔鎗。進步剳你。你攔鎗還鎗。我攔鎗。你拏下我鎗。你鎗起我反拏你鎗。你攔下我鎗。你鎗起。我反攔下你鎗。你拏我鎗。我鎗閃過攔你鎗。你攔我鎗。我鎗閃過。拏你鎗。你劄儘頭鎗。我顛鎗捉住。你反起劄我。我攔下。閃賺花鎗上。你攔鎗還鎗。我攔鎗。我搖花鎗。乃撥艸尋蛇。

第六合

總論鎗法使手。一截。二進。三攔。四纏。五拏。六直。閃賺使花鎗。下遊場。撥草尋蛇。上遊場。秦王摩

紀効新書云
都首見句下換
鎗是伏腰鎖。先
劄手和腳。上文
加挨。劄了又進
縮。下未錄

旗。一接。二進。三拏。四纏。五攔。六直。大逰場。秦王摩旗。鈚掃箒。必無路。裙攔鎗共加六路花鎗。六六三十六路花鎗。後有秦王摩旗。六路鎗母使手。後有破鎗法。圈裏鎗。圈外破。攔鎗。伏虎鎗。地蛇鎗破。地蛇鎗。儘頭鎗破。中平鎗。中平鎗破。中平鎗。中平鎗。中平。高低遠近都不妨。高不攔。低不拏。當中一點難招架。（若如此則當如此指人頭劄人面。高低遠近都看見。）此是花鎗總要。當先劄手合腳。劄了手合腳。則彼難入而我得進矣。

閑住五路總卷、捷上又加捷、捷了還嫌遲、高不遮、低不架。傍不去、中不怕。虚點一鎗正着下。你鎗來、我鎗拏。你鎗不動我鎗劄。你也曉、我也曉。惟只怕的手遲了。見大休害怕。見小不可欺。一鎗赶劄十鎗贏。去如風、來如箭。一劄一拏要閃賺。中平鎗勢中生、穿心十字两來鎗。有人破了中平鎗。十分面皮九分傷。

第一路破鎗法

圈裏鎗、王女引針鎗破。圈外鎗、拏鎗破。梨花擺頭鎗、提鎗破。閃鎗、架蓬退步鎗破。

第二路破鎗法

纏鎗、蓬鎗破。黄龍點杆鎗、黒龍入洞鎗破。翻鎗破。鳳凰點頭鎗、針提鎗破。

第三路破鎗法

穿指鎗、拏鎗破。穿袖鎗、褡袖鎗破。圈裏鎗、白蛇弄風鎗、单門鎗破。圈外白蛇弄風鎗、銕掃箒鎗

破鷂子撲鵪鶉鎗破提鎗破

第四路破鎗法

如猫捉鼠鎗、反復内鎗破。架蓬退步鎗、提鎗破。

鉄掃箒鎗、剪龍鎗破。单閉門鎗、黒龍入洞鎗破。

裏入門鎗、单閉門鎗破。

第五路破鎗法

死中反活鎗、提鎗破。無中生有鎗、賽入葫芽鎗破。撥草尋蛇鎗、提鎗破。

第六路破鎗法

退鎗、提鎗破、走馬纏鎗、蓬鎗破、上遊場鎗、秦王摩旗鎗破、下遊場鎗、撥艸尋蛇鎗破、

以上共七十二路花鎗法

詩曰

神鎗使動冷颼颼　大蟒穿心鳳點頭
六路花鎗千變化　埋沒至今又傳留
花鎗好似金標起　攻戰軍中萬將愁

鎮國安邦乾坤手　千載留傳一根由

四十二路散鎗法

玉女引針、孤鷹出羣、分宗斜托、上三條、下三條、上遊場、下遊場、劄六鎗、劈六鎗、蜈蚣鑽板、蛇居盤裏、閃門、猿猴開鎖、獅子撞南天門、白鵝奪窩、捉法、進法、秦王掛孝、白蛇吐信、倒拉棘針、不留門、吕布交戰、黄龍卧道、攔路虎、二拏鎗、死蛇居地、白蛇弄風、梨花滾袖、穿指穿袖、黄鶯坐架、挽

步取手、猛虎翻身、伸手取虎、鳳凰单展翅、羣攔、
左右插花、白馬搖春、佛頂珠、裏入門、外入門、穿
連護手、左邉攔、右跨虎、黒龍入洞、
以上共有四十二路鎗使手
且不論圈鎗為母、即説封閉捉拏、拏鎗之母是
祖家、後把六合之法傳下、若人知其圈鎗滋味、
即曉得封閉捉拏、拏鎗之母是祖家、人若習・貫
熟、剳、勤謹把六合・牽掛、

載字疑是截字

詩曰

一載（截）之鎗非用拳　二進猛虎似毒蛇、

三攔猛虎當道臥　四纏黄鶯把兎撾

五拏二龍來相鬬　六直单刀擋狂斜

又詩曰

梨花之鎗似飛沙　鳳凰點頭上下發

白蛇弄風身曲定　一把銭掃等來劄

撥草尋蛇入難進　秦王摩旗按兵法

弟子問師曰、人説鎗有門有戶、不知何為門戶、請指教焉、師答曰、若知鎗之門戶、以鎗母取之則得矣、一母生三、三生六合、則有千變萬化之妙、其要不過手熟而已、弟子又問曰、使手如何、師答曰、生在於母、死在於母、萬法盡在於母也、

詩曰

若知細理是師家　不知滋味妄胡發

果遇明師親指點　倒身下拜也不差

要知使鎗也論時也論風月、卯特使鎗站東方未時使鎗站西方、午時使鎗站南方、夜間使鎗站北方、黃風使鎗當風立、朔風使鎗順風行、月明使鎗皆如是、弟子一一記心中、

詩曰

剛在他力前　柔在他力後

彼忙我静待　任君生意鬪

又詩曰

試問此鎗何處来　生在武将神人排
宋朝有個楊駿馬　他將此鎗傳出来
人説此鎗非容易　我覺此鎗不難哉
專心學習三年整　百萬雄兵不掛懷

此鎗自清朝康熙三十一年始得楊氏世傳神鎗總論法當寶之珍之無泄

二十四鎗勢繪緣於後

二十四勢按中央、按下神鎗鬼也忙、在左邊使下

窮難二字疑有錯誤

移山勢、右邉使下步窮難、前邉勢蛟龍戲水、後邉勢卧虎隄防、斜行偃月乾坤手、護心鎗蓋世無雙老祖授下金鎗勢、卧龍江上斬龍王、從今野馬三跳澗、少華山上有神鎗、

演楊家大鎗歌

鎗母

圈外戳面復戳脚。進步圈裡望肩搠。你若攔鎗敗步𢌞疾步趕上刺心窩。圈外四鎗圈裡二六合從此露頭角。再加捉拿並閃賺。鏖戰軍中也不錯。

上八勢

夜叉探海勢好。四夷賓服有名。指南針勢定

輸贏十面埋伏取勝。得手青龍探爪。邊攔如山
不動。鉄翻杆勢大不同。跨劍勢對陣衝鋒

中八勢

地錦片〻生花。天香陣〻烟雲。鉄牛耕地勝負
分。滴水顛提直進。騎龍須仗拗步。白猿拖刀賺
人。琵琶勢白牛轉角。捕鼠勢虎傷羊群。

下八勢

太山壓卵勢險。美女紉針法密。掉攏令人不測。

此頁在前下八勢之下且門字之上亦缺一鷂字

門也是詭計。伏虎斜挨硬上。推山塞海出俗。鷂子鎗莫言法盡。還有太公釣魚。

第一合

第一着。圈外搭鎗圈裡搠。你若拳手收鎗回。止步放鎗且戳脚。待你認真披面迎。進步提鎗裏外同。三四着是梨花。圈裏攔頭圈外戳。我鎗落地你鎗迎。捉鎗戳你不留情。若知圈裏也如此。攔頭進步是一理。有人悉透其中意。圈外專征就是你。

第二合

纏鎗法。趕步圈外把鎗壓。你鎗起。疾步提鎗走圈裏。你鎗抬。伏身一提戳你懷。你來捉。上指頭却戳脚。你戳裏。伏个蹬跳龍擺尾。你來趕。回身捉鎗戳你臉。有人參透其中意。百萬軍中渾是胆。○攔鎗變。忽閃圈裏把鎗按。你若拔鎗披面迎。捉鎗戳你真妙算。變黃龍。圈裏兩纏圈外同。

此處脫一
頁錯訂
在後

胳

起鎗戳你若來捉。黑龍入洞就戳脚。你進步。飛身跳囬堵中路。再一變鳳點頭。圈外指臉圈裏遊。你若動時我又過。披鎗進步戳咽喉。有人欲透其中意。百萬叢中争上流。

第三合

穿指鎗。法正陜。你鎗不動我戳手。穿袖鎗。法也惡。披鎗進步戳割脖。鷄子鎗。點多更。跌脚進步忽一捉。再一遍時捉鎗進。好似蛟龍出碧波。白蛇鎗。

巧弄風。圈裡伸頭圈外衝。上指下戳抽身退。趕來拖刀披面迎。有人叅透其中意。斬將搴旗立大功。

第四合

四合鎗。有何拿。圈裡徑進把鎗斜。圈裡戳來圈裡架。圈外戳來圈外拿。披面戳去誘你捉。戳脚退步疾如梭。猫捕鼠忽然捉。鎗就戳汝仗掤退。圈裡攔鎗法為最。誘你拔鎗披面迎。圈外戳你把身退。鉄掃箒。圈裡輕掃圈外丟。誘你來時得鎗退。蒼龍擺尾並提頭。有人參透其中意。乘風波浪定封侯。

第五合

忽左忽右裡外閃。下護脚尖上護臉。披面一鎗誘你捉。丟在地下使虛着。你若单手披面。還捉鎗徑進刺心窩。圈裡進步謊一謊。閃過圈外往裡闖。毒龍出水臉上霍。不得頭面也得脚。退步趕來我不怕。滴水邉攔法更多。可尋蛇。草中一撥把鎗斜。大閃門户誘你來。進步捉鎗刺心懷。有人參透其中意。不上麟閣上雲臺。

第六合

截鎗進步手不歇。攔鎗也從圈裡得。你戳右足圈外纏。你戳左足圈裡格。料你撥鎗連步進且戰且退真奇絶。有人參透其中意。下護蒼生上護國。

夜叉探海勢
乃持鎗行立看
守之法。遇敵變勢。隨機應
用。無不中節耳、

四夷賓服勢。

此乃中平鎗法。為六合鎗之主宰。二十四勢之首領。變妙無窮。自古迄今。各器械鮮有當其鋒者。諸勢莫[illegible]可同可敵其趣耳、

定南針勢

此為乃上平鎗法。其類用近乎中平之法。而着数不離其合之變化。有心演悟者。二十四勢之中。可破其半焉。

十面埋伏勢

此是下平鎗法。其門户察於上四平之法。機巧不亞於中式。耳、精於此勢者。諸勢皆可降耳。

青龍探爪勢

此乃孤鴈出羣過鎗法。勢勢之中。兩着着之內。兩斂發鎗劄人。皆不離乎斷法而已、

邊攔勢

此乃裏把門封閉鎗法。看守門戶。内有纏捉顛拏閃賺。上。又有穿指穿袖穿股。倘他出馬一迎。抱着琵琶埋伏而已。

銕翻竿勢

此為外把門。黄龍點竿鎗法。一截二進。白蛇弄風。鷂子撲着鵪鶉。不肯放鬆。耳、

跨劍勢

乃是裾攔鎗法。大開門戶、誘他進來。遂我中途拏剁他。虛我寔提梨花。他寔我虛掤退救護。耳、

鋪地錦勢。

此乃地蛇鎗法起手披挨急刻直掭。（高來直擦）難饒。若他滴水綖針穿。甦法死中反活。

朝天勢

此是上驚下取鎗法。搖旗掃地銕牛耕。那怕他拖刀詭詐。兩边奐、

銕牛耕地勢。

此是急搗碓鎗法

硬去硬迴莫軟惟

有此鎗無空。若他

平伏閃吾鎗。就是（使）

黑龍入洞。之法、

滴水勢

此是提顛之鎗法。順手鳳凰點頭。披撲中取巧進勢用騎龍。勢出可掤退勇。若還破低勢難同。伏地鎗百發可百中。矣

騎龍勢

此乃拗歩鎗法。如進有撩草尋蛇。若退有邊攔救護。梨花滾袖似穿梭。四面是鎗如雲罩霧。一般。

白猿拖刀勢

此乃佯輸詐敗鎗法。逆轉硬上騎龍。順步纏攔崩靠。迎封接進美花鎗。就是中平夯能破耳

琵琶勢

此乃白牛轉角鎗法。上來鈎崩進挫。中來滚剁拏好。下來是提櫓快如梭。得勢用青龍探爪。

靈猫捉鼠勢

此乃無中生有鎗法。進步虛下。撲纏賺伊鎗。動之時使梨花。遇壓挑天冲打。

泰山壓卵勢

此乃鷹捉兔之鎗法。勢維高發。身中變異。任他埋伏地蛇冲我又搖旗擺地。

巧女紝針勢

此乃儘頭鎗法。好破他地蛇。防備他顛提。起手鳳凰點頭。披閃紝直戳。之

蒼龍擺尾勢

此乃是掤退救護之法。也電轉風迴。驚散梨花擺頭閃賺。

闖鴻門筵勢

此乃是拋梭鎗法。身隨鎗進閃挫剁攔。捉攻硬上經曰、六直妙在其中。用長貴短。用短貴長。此為藝中妙理。短而長用者。謂其可禦

伏虎勢

此乃是六封鎗法。斜倒兩硬上如風。退閃兩提攔纏捉。他如壓卵兩又朝天。錢掃簾迎風封接靠。

推山塞海勢

此乃是護膝鎗法。如高來而用搖旗挨提（捉）。倘低來即使銭篙帶顛提。而伊忽從中來而如箭有虛面（有）真是。可用鐵銭牛耕地。

鷂子撲鵪鶉勢

此乃撥草尋蛇鎗法。如高接而雖用纏拏。逢中路而披探直過。倘他搠退把鎗還。滾手中鎗一刴。

太公釣魚勢

此是摩旗鎗法。諸勢皆可敵。而輕挨緩捉。順敵提拏。且進退而如風。剉柔而得體。

彼長。長入而短不中。則反為長所誤。矣故用長以短。節節險嫩。就近身尺餘。法便不老。彼見我之器長。安心欲使我進深。無用我忽節節短來。彼乃知屈心遠避。倉卒使彼對我不及。此用長器之秘訣。萬古之秘論也。

鎗有三件大病。一立身法不正。二當劄不劄。三三尖不照。必上照鼻尖。中照鎗尖。下照脚尖。你鎗發。我鎗拏。你鎗不動。我鎗劄。來得緊。去得硬。不遮不架。是个空。

棍法

一用棍法如讀書而已鈎刀鎗鈀如各習一經耳、四書之理既明、五經之理推之而皆明矣、若能精通棍法、則凡利器之法、皆從此而得之矣、

一凡習演棍法、將棍一打一擊、俱要有聲、日久自然有力、高不過眉、低不過膝、耳一棍初交、則下起者有勢、棍深入則上壓者取贏、

棍法總訣歌

後篇中直八剛十二柔。上提下按左右。打對高低左右遮。手動足進要力週。

又訣

一打棍法俱要後手工夫。棍不宜高起。今之打棍者。惟恐起不高。打不重。蓋只有曲前手之力而無後手之功耳。故必以棍順人之勢。借人之力。只宜速急進退。虛進實退。無不成功矣。

秘總訣傳

陰陽要轉。兩手要直。前腿要曲。後腿要直。一打一挑。遍身着力。步步進。前天下無敵。

拳法

太祖神拳定家邦。關西五路把名揚。七星拳但看人腿。五籠拳視下不忙。變肘拳人人害怕閃賺拳武藝高強。背走關西趙太祖。十八川關去平強。虎頭山前威名重。轉謊拳人人難（當）進。埋蛇勢（他）能使下下着勢看者不忙。猛虎勢橫拳便打。不開門攻來何妨。當路砲連忙放下。永平拳走進江南。朝陽勢金鷄獨立。有神拳慣打南方。

大清同治三年歲次甲子二月上旬鈔

一製長鎗法式後手如細則掌把不壯後手要粗可盈把庶有力後手要把在根盡頭庶鎗身活動不滯鎗腰從根起漸漸細至頭如腰粗則發强不可拏腰細則軟而無力雖手法之妙不能拏打他鎗開去也鎗稍不可輭細要自後漸細方有力最忌太重重則頭沈不可舉動鎗頭重不可過兩至妙至妙

一製鎗法

一鎗鐏式

右鎗桿椆木第一桏木輕而稍軟次之要劈開者佳鋸開者紋斜易折攢竹腰軟不可用

巡撫荆川唐公于西興江樓自持鎗教繼光光請曰每見他人用鎗圈串大可五尺兵主獨圈一尺者何也荆翁曰人身側形只有七八寸鎗圈但拏開他鎗一尺即不及我身膊可矣圖拏既大彼鎗開遠亦與我無益而我之力盡此說極得其精余又問曰如此一圈其工夫何如荆翁曰工夫十年矣一藝之精其難如此

大宋杨氏枪谱校释

书抄于同治三年，迄今百有五年矣。历年既久，残缺错讹。经张广运订装，差[一]有端绪，但仍非完善。如起首缺，不知几页；演杨家大枪歌第一合、第二合一页，错订在后边拦势之下，临尾根法总诀歌以下缺，不知几页。其他可疑者尚多，无从考正（证）[二]也。再者，书既曰『演』，显然非出于杨氏。按书中所有，多见于纪效新书，则此书或系戚氏著，但无从证明耳。

苏莲亭题

□□□□□□□[三]器，皆长兵也。力可至百步者，五十步而后发；力可至五十步者，二十五步而后发，

〔一〕差，稍微之意。
〔二〕正，古文中通『证』字。
〔三〕原文缺失。结合文义及后文『短兵长用论』，此段文字出自纪效新书·长兵短用说篇，原文即『夫长兵短用，何则？……至若弓箭、火器，皆长兵也』。（戚继光：纪效新书：十八卷本，中华书局，二〇〇一，第一五七页。后文凡引此书，简称纪效新书：十八卷本，不再注明版本。）

此亦长兵短用之法也。长则为（谓）〔一〕之势险，短则谓之节短，万殊一理耳。

短兵长用论〔二〕

夫叉、钯〔三〕、棍、镋、偃月刀、钩镰，皆短器也。何则？彼之枪一丈七八尺长，我之器不过七八尺长，若如折（浙江）〔四〕习叉钯之法，俱手握在头下，其手外头柄［通］〔五〕不及二尺长，棍亦不过六七尺长，又欲两手（头）〔六〕双使，而两手握开，所剩棍头不过尺余。彼之长枪闪闪而进，即（疾）〔七〕如流星一般，我就精熟，只能格得彼枪不中［入］〔八〕我身耳。及其我欲进，则彼原进，我叉、钯、棍内不深，一缩又复在外，我不能（得）〔九〕拨定彼枪，使无反手，如何敢进。如此终日，我无胜理。曰：

〔一〕为，据文义，当作『谓』字。

〔二〕短兵长用论，即纪效新书：十八卷本的短兵长用说。

〔三〕学术界对『叉』和『钯』的界定不一。在中国武术大辞典中，『叉』为武术长器械，是由马杈、飞叉等古兵器演化而来的；钯，分为大钯、月牙钯、木钯、六齿钯等。可见叉、钯并非同一武术器械。（中国武术大辞典编辑委员会编著中国武术大辞典，人民体育出版社，一九九〇，第一一二至一一三页。）

〔四〕折，纪效新书：十八卷本作『浙江』，当是。

〔五〕通，据纪效新书：十八卷本所补。

〔六〕手，纪效新书：十八卷本作『头』字，当是。

〔七〕即，纪效新书：十八卷本作『疾』字，当是。

〔八〕入，据纪效新书：十八卷本所补。

〔九〕能，纪效新书：十八卷本作『得』字，当是。

短兵利在速进，终难接长持久，即如（为）〔一〕所乘。必如总戎公论（俞）〔二〕虚江之法，则所执叉、棍、钩、钯，皆有六七尺在外。彼若以长入，我必须进探五尺，被我一格打歪，即用棍内连打〔三〕之法，下下〔四〕打在长兵上，如流水点戳而进。彼先进我五尺，我一进又有五尺，是得一丈之势矣。被我连打，势不得起，欲抽脱去，岂能便抽一丈？［一入］〔五〕长兵之内，则惟我短［兵］〔六〕纵横，长兵如赤手空拳矣。此短兵长用之法，千古奇秘，非欺人也。

长枪总论〔七〕

夫长枪之法，始于杨氏〔八〕，谓之『梨花』，天下咸尚之，其妙在于熟而巳（已）〔九〕。熟则心

〔一〕如，纪效新书：十八卷本作『为』字，当是。

〔二〕论，据文义，应为『俞』字之误。俞虚江，即俞大猷，字志辅，号虚江，福建晋江人，时任福建总兵官，著有正气堂集与剑经等。

〔三〕棍内连打，指用棍梢下砸上挑，连续不断地击打。

〔四〕下下，纪效新书：十八卷本作『着着』，其意思相通。

〔五〕一入，据纪效新书：十八卷本所补。

〔六〕兵，据纪效新书：十八卷本所补。

〔七〕长枪总论，即纪效新书：十八卷本的长兵短用说篇。

〔八〕杨氏，指红袄军首领杨安儿及杨妙真兄妹。杨氏梨花枪素受后人推崇，与沙家、马家枪法同为明中叶较著名的枪法。（中国武术大辞典编辑委员会编著中国武术大辞典，第四四四页。）

〔九〕巳，据文义，当作『已』字。后同。

能忘手，手能忘枪，圆神而不滞。又莫贵于精（静）〔一〕也【精，一本作静】。精（静）则心不妄动，而处之裕如〔二〕，变幻莫测，神化无穷，后世鲜有得其奥者。盖有之矣，或秘焉而不传，传之而失真。是以行于世者，卒皆沙家、马家之法。盖沙家竿（杆）〔三〕子、马家长枪，各有其妙，而有长枪（短）〔四〕之异。其用惟杨家之法，有虚有实，有奇有正，有虚虚实实，奇奇正正〔五〕，其进锐，其退速，其势险，其节短，不动如山，动如雷震。故曰：『二十年梨花枪，天下无敌手』，信其然乎！施之于行阵，则又有不同者，何也？法欲简，立欲疏。非简无以解乱纷纠，非疏无以腾挪进退。左右必佐以短兵，长短兵相卫〔六〕【兵字，一本作短字】，使彼我有相倚之势，得以舒其气，展其能，而不至于奔溃。兵法曰『气盈则战，气夺〔七〕则避』，是巳（已）。今将六路花枪使手并二十四枪，名『六合之法』。

〔一〕精，纪效新书：十八卷本作『静』字，当是。后同。

〔二〕裕如，自如。

〔三〕竿，据文义，当作『杆』字。后同。

〔四〕枪，纪效新书：十八卷本作『短』字，当是。

〔五〕虚实、奇正。虚实：一是指二者之间的相互关系；二是指武术术语。武术中的虚实就是以身体重心而言，重心偏于何方，何方即为实，另一方为虚；以劲力而言，身手运动的方向为实，其余为虚；从战术角度而言，击敌为实，诱敌为虚。奇正：古时兵法术语，由易经中的阴阳变化之理及古代兵家刚柔、奇正、攻防、彼己、虚实、主客等对立关系相互转化的思想推演而成，含有朴素的军事辩证法的因素。

〔六〕长短兵相卫，纪效新书：十八卷本作『长短相卫』。

〔七〕气盈、气夺，指士气旺盛和士气丧失。

又有六路破枪法，四十二路散枪法并二十四枪势[一]，皆绘錄[二]于后，以广其所传云。

八母枪起手

你劄（扎）[三]我，我拿枪[四]；你劄（扎）我，我拦枪；你劄（扎）我脚，我颠枪；你上劄（扎），我捉枪；你下劄（扎），我橹（撸）[五]枪；你上劄（扎），我捉枪；你下劄（扎），我颠枪；你枪起，我缠拦下；你劄（扎）我，我拿枪。

第一路

小花枪势势寸进，转谎（晃）[六]枪传流防身。犯根稍劈面就刺，担山枪人人皆惊。转谎（晃）

〔一〕四十二路散枪法并二十四枪势，纪效新书：十八卷本作『六合之法并二十四势』。

〔二〕錄，据文义，应为『録』字之误，今为『录』字。

〔三〕劄，据文义，当作『扎』字。后同。

〔四〕拿枪及下文的拦枪，均为曲线防守型枪法，又称边拦、边拿。边拦主要用于对方扎我圈外，我枪枪头曲线逆时针旋转外拨，拨开对方进攻动作；反之，对方扎我圈里，我枪枪头曲线顺时针内拨，拨开对方进攻动作，这称为拿枪。

〔五〕橹，据文义，应为『撸』字之误。后同。颠枪、捉枪、撸枪，均为以防守性为主，兼有进攻性技术动作的枪法。颠枪主要用于防守对方进攻下盘，我枪由上向下点击格挡；捉枪主要用于防守对方进攻上盘，我枪由左上侧向右下侧按压住对方，使其不能抽枪；撸枪主要用于对方进攻下盘，我由右侧向左侧撩拨，化解对方的进攻动作。

〔六〕谎，据文义，应为『晃』字之误，晃动、虚晃之意。后同。

枪滚手捉拿，劈三枪鬼怕神惊【三字疑是山字】〔一〕。倒施一枪要侧身【施字疑是拖】，脚踏滚手独立定，滚手枪法罩中平。

第二路

小花枪硕抡〔二〕在手，骑马势端端正正。飞步进白蛇弄风，穿林枪安身退步。扳一枪鹞子翻身，刺一枪硕抡回去。穿林枪黄龙转身，丢一枪海底捞月。打一枪猛虎翻身，和一枪遮前架后。反一枪穿林久等，滚身枪飞步就进。硕抡枪摇头摆尾，骑马枪定了太平。

第三路

三路花枪最为高，黄龙转身第一条。猛虎倒坐〈坐〉洒（滴）〔三〕水势，白蛇弄风摆头摇。黑旋风周围乱打，一炷香侧转身摇。劄（扎）一枪撒手捧腰，拴一棍最难防密。山条倒手棒，黄龙转身一字枪。硕抡枪乌龙摆尾，尚（上）〔四〕步背剑把腿摇。掏推一枪即收回，背翻一枪似沈（沉）〔五〕雷。

〔一〕综合纪效新书、耕余剩技·少林棍法阐宗与少林寺拳棍刀枪谱等明清时期的武术典籍，『劈三枪』疑为『泰山压卵势』或『立劈华山势』等下劈型枪法动作，故认为原文批注存在较大合理性。

〔二〕硕抡，疑为轮劈枪。

〔三〕洒，据文义，似为『滴』字之误。『滴水』枪法在明清武术文献中较为常见。后同。

〔四〕尚，据文义，古文中通『上』字。后同。

〔五〕沈，据文义，当作『沉』字。后同。沉雷，指响声大而低沉的雷。

起大梁撒步就打，琓（玩）〔一〕一枪明君定势，落尾枪秦王摩（磨）〔二〕旗。

第四路

一举东方说邵陵〔三〕，朝天望月鬼神惊。武丁〔四〕抱月开山斧，观音倒坐洒（滴）水势。马架神枪分两路，吓退宏（红）〔五〕军百万兵。追风只怕方天戟，使枪休错（措）〔六〕定南针。开路旋风黑煞神，齐天大圣君隆尊。一炷信香焚起去，挤住老祖不出门。

第五路

五郎〔七〕提枪是根棒，随身变化只要捷。前打八尺龙摆尾，后打一丈虎翻身。打一个左骗马班番浪，打一个右骗马猛虎进。巧女挽手镇五台，随身棒劈身磼〔八〕。五台小僧谁不怕，若问此枪名合（和）〔九〕

〔一〕琓，据文义，似为『玩』字之误。后同。
〔二〕摩，纪效新书：十八卷本作『磨』字，当是。后同。
〔三〕邵陵，指少林。明清武术史料中，多有将少林记作『邵陵』者。
〔四〕武丁，商朝的一位国君，有雄才大略和远大的政治理想，在其统治时期，商朝的政治、经济、文化空前繁荣，史称『武丁中兴』。
〔五〕宏，据文义，应为『红』字之误。红军，指红巾军，韩山童、刘福通等领导的元末农民大起义，因其头戴红巾，故名红巾军。
〔六〕错，古文中通『措』字。后同。
〔七〕五郎，即杨家将小说、戏曲及民间传说中的人物杨五郎，字延德，杨业第五子，故称杨五郎。
〔八〕磼 [jí]，形容山势高峻。
〔九〕合，据文义，当作『和』字。后同。

姓，杨门留就武将家。

第六路

腾阳举手六路棍，推根握稍（梢）[一]抽步回。打两棍猛虎翻身，琓（玩）一枪转身横担。一条蟒犯根稍（梢），玉女穿梭打两稍（梢）。乌龙摆尾琓（玩）一枪，十字棍滚身就进。搠[二]根子栽稍（梢）子紧拦护膝，滚身枪定执势白蛇吐信。穿林枪鹞子翻身，搠一枪金龙捕地。推一枪大现神通，剪一枪随身抱月。推一根握一稍（梢）滚身不全，推一根尚（上）一步，腾阳棍昼夜相停。

又总花枪使手法

六路花枪玩个遍，二十四枪只要捷。一枪三枪皆同理，七十二枪定要捷。底棚（掤）[三]他把中棚（掤）降，中棚（掤）他把上棚（掤）擒。惟只一枪最难习，还手接枪即是迟[四]。此枪学到三年整，工夫到了手自捷。伸手能抓千尺蟒，眼快那（哪）[五]怕雕翎捷。劝君休将吾埋怨，要你专心加工习。

〔一〕稍，据文义，当作『梢』字，梢端。后同。
〔二〕搠[shuò]，扎的意思。
〔三〕棚，据文义，应为『掤』字之误。后同。掤枪属于防守型枪法，力达枪尖，由下向上掤开对方的进攻动作。
〔四〕迟，武术对抗过程中接招还招、防守反击为『迟』，如『迟刀』『迟枪』『迟棍』。在实战过程中讲究时间、空间的利用。此处『还手接枪』也应为『接枪还手』。
〔五〕那，据文义，当作『哪』字。后同。

有人参透此枪意，进得门来就足实。

以下二十四枪名

抱钩偃吕封候（侯）〔一〕势【金】

解曰：抱是抱月枪，钩是钩（勾）〔二〕挂枪，偃是偃月枪，吕是洒（滴）水枪。

方穿掤领乌龙枪【木】

解曰：方是方天戟，穿是穿袖枪，掤是掤夺枪，领是领拿枪。

门边跨追穿林枪【水】

解曰：门是迎门贴扇，边是边揽（拦）〔三〕枪，跨是跨马枪，追是追风枪。

拐还转掏小花枪【火】

解曰：拐是拐子马，还是还手枪，转是转谎（晃）枪，掏是掏拿枪。

大神枪推开门户，小神枪引进入门。大梁枪森森利害，小梁枪奔走无门。

〔一〕候，据文义，似为『侯』字之误。后同。侯，古代的爵位名。又，文中的『候』亦可能是『喉』，即『封喉』。

〔二〕钩，据文义，应为『勾』字之误。后同。

〔三〕揽，据文义，应为『拦』字之误。

腾行太阴［土］〔一〕

［解曰］〔二〕：腾是腾阳棍，行是行者棍，太是太祖棍，阴是阴手棍。

腾阳棍打开门户，行者棒堵住洞门，太祖棍打遍天下，阴手棍下了绝情。

大神枪推开门户，小神枪变化无穷。封侯枪劈面就刺，拐子马一溜斜行。

四平枪收来放去，穿袖枪紧去如风。钩（勾）挂枪他有闪贴，方天戟手搭天庭。

洒（滴）水枪观音倒坐，定南针撑住乾坤。追风枪进步就走，滚手枪紧刺当胸。

偃月枪神通浩大，抱月枪紧要随身。乌龙枪摇头摆尾，中平枪胆战心惊。

大梁枪森森害怕，小梁枪奔走无门。腾阳棍青龙现身，穿林枪鹞子翻身。

大番枪黄龙探爪，小番枪寸步难行。撒手棒遮天影日，云磨响赛过雷声。

黑旋风周围乱打，出洞棍振动乾坤。阴手棍如老母打遍天下，偷火势似老公打碎乾坤。

掤夺枪甚是力大，小花枪吐进入门。转谎（晃）枪是来硕哄，望学者紧记当胸。

〔一〕土，据文义所补。

〔二〕解曰，据文义及格式所补。

第一合〔一〕

先有圈枪为母，后有封闭、捉拿，梨花摆头枪，救护要分明，里把门，外把门，闪赚〔二〕使〔三〕花枪，名曰『秦王摩（磨）旗』。

法曰：我劄（扎）你，你拿枪还枪，我拿枪。我劄（扎）你，你拦枪还枪，我拦枪。你劄（扎）尽头枪，我颠枪还枪，你拿枪还枪，我拿枪。你劄（扎）我，我拿枪，闪赚花枪上。你拿枪还枪，我拿枪；你劄（扎）我，我拦枪，闪赚花枪上。你拦枪还枪，我拦枪；你劄（扎）尽头枪，我颠枪，闪赚花枪上。你拿枪还枪，我拿枪，摇花枪。乃秦王摩（磨）旗。

第二合

先有缠枪，后有拦枪，黄龙点杆〔四〕、黑龙入洞，拿枪救护，闪赚使花枪，名曰『凤凰点头』。

法曰：我缠你枪，你劄（扎）我。我拦下还枪，你拦下还枪，我拦枪。你劄（扎）我，我拿下，你枪起，我随枪缠拿下。你拦枪，我还枪，你拿下还枪，我掤退救护拿你枪。你劄（扎）我，我拦下，我摇花枪。

〔一〕第一合至下文第六合，共六合，与纪效新书：十八卷本的长兵短用说篇中『六合之法』的内容相同。

〔二〕闪赚，欺诳、哄骗及忽隐忽现的变化之义。『闪赚』二字既可合讲，亦可分讲。合起来讲，闪赚即诱骗转移之法，佯左实右、上惊下取之类统属闪赚。分开讲，『闪』是闪躲，乃避实击虚之法；『赚』是诱骗，是虚虚实实之法。闪赚既是有一定程式可循的技术，又是可灵活变通、相机而发的战术手段。

〔三〕使，纪效新书：十八卷本作『是』。

〔四〕黄龙点杆，纪效新书：十八卷本作『黄龙占杆』，其意思相同。

乃凤凰点头。

第三合

先有穿指，后有穿袖，鹞子扑鹌鹑，救护闪赚使花枪，四面是枪法，名曰『白蛇弄风』。

法曰：你劄（扎）我，我拿下，闪赚花枪上。你拿枪还枪，我拿枪。你劄（扎）我，我拦下，闪赚花枪上。你拦下还枪，我拦枪，我摇花枪。乃白蛇弄风。

第四合

先有白拿枪，掤退枪，救护；后有白拦进步，如猫捉鼠〈枪〉〔一〕，救护，闪赚使花枪，名曰『铁扫帚』。

法曰：我白拿进步上劄（扎）你，你拿枪还枪，我掤退救护，拿枪。我白拦进步上劄（扎）你，你拦枪还枪，我拦枪。我白颠进步，闪赚花枪上劄（扎）你，你拿枪还枪，我拿枪，我摇花枪。乃铁扫帚。

第五合

先有四封四闭，后有死中反活，无中生有，迎封接进，闪赚使花枪，名曰『拨草寻蛇』。

法曰：你劄（扎）我，我拿枪，进步劄（扎）你，你拿枪还枪，我拿枪。你劄（扎）我，我拦枪，进步劄（扎）你，你拦枪还枪，我拦枪。你拿下我枪，你枪起，我反拿你枪。你拦下我枪，你枪起，

〔一〕枪，据纪效新书：十八卷本，应为衍文。

我反拦下你枪。你拿我枪，我枪闪过拦你枪。你拦我枪，我枪闪过，拿你枪。你劄（扎）尽头枪，我颠枪捉住，你反起劄（扎）我，我拦下，闪赚花枪上。你拦枪还枪，我拦枪，我摇花枪。乃拨草寻蛇。

第六合

总论枪法使手，一截、二进、三拦、四缠、五拿、六直。闪赚使花枪。下游场，拨草寻蛇，上游场，秦王摩（磨）旗。一接、二进、三拿、四缠、五拦、六直。大（上）〔一〕游场秦王摩（磨）旗，铁扫帚，必无路。裙拦枪共加六路花枪，六六三十六路花枪。后有秦王摩（磨）旗，六路枪母使手，后有破枪法。圈里〔二〕枪，圈外破；［裙］〔三〕拦枪、伏虎枪，地蛇枪破；地蛇枪，尽头枪破；中平枪，中平枪破。中平枪，枪中平（王）〔四〕，高低远近都不妨（防）〔五〕。高不拦，低不拿，当中一点难招架。去如箭，来如□，指人头，劄（扎）人面，高低远近都看见。此是花枪缚腰索，先劄（扎）手合（和）脚，劄（扎）了手合（和）脚，则彼难入，而我得进矣。【纪效新书，『远近都看见』，句下接『枪是伏腰锁，先劄（扎）手和脚；疾上又加疾，劄（扎）了还嫌迟。以下未录】

〔一〕大，据文义，应为『上』字之误。

〔二〕圈里及下文圈外，武术实战姿势术语，如以大枪中四平为例，右腿在后左腿在前，右手持枪根于腰间，左手持枪身于胸前方，这时以左臂内侧向右与身体、右臂形成的区域为圈里，左臂外侧向左区域为圈外。

〔三〕裙，据纪效新书：十八卷本所补。

〔四〕平，纪效新书：十八卷本作『王』字，当是。

〔五〕妨，据文义，应为『防』字之误。

闭住五路总卷，捷上又加捷，捷了还嫌迟。高不遮，低不架，傍不去，中不怕，虚点一枪正着下。你枪来，我枪拿，你枪不动我枪劄（扎）。你也晓〔一〕，我也晓，惟只怕的手迟了。见大休害怕，见小不可欺，一枪赶劄（扎）十枪羸（赢）〔二〕。去如风，来如箭，一劄（扎）一拿要闪赚。中平枪，势中生，穿心十字两来枪，有人破了中平枪，十分面皮九分伤。

第一路破枪法

圈里枪，玉女引针枪破；圈外枪，拿枪破；梨花摆头枪，提枪破；闪枪，架蓬（掤）〔三〕退步枪破。

第二路破枪法

缠枪，蓬（掤）枪破；黄龙点杆枪，黑龙入洞枪破，翻枪破；凤凰点头枪，针提枪破。

第三路破枪法

穿指枪，拿枪破；穿袖枪，褡（搭）〔四〕袖枪破；圈里枪，白蛇弄风枪，单门枪破；圈外白蛇弄风枪，铁扫帚枪破；鹞子扑鹌鹑枪，提枪破。

第四路破枪法

如猫捉鼠枪，反复内枪破；架蓬（掤）退步枪，提枪破；铁扫帚枪，剪龙枪破；单闭门枪，黑龙

〔一〕晓，通晓、明白。

〔二〕羸，据文义，当作『赢』字。后同。

〔三〕蓬，据文义及攻防技术特点，疑为『掤』字之误。后同。

〔四〕褡，纪效新书：十八卷本作『搭』字，当是。

入洞枪破；里入门枪，单闭门枪破。

第五路破枪法

死中反活枪，提枪破。无中生有枪，赛入萌芽〔一〕枪破；拨草寻蛇枪，提枪破。

第六路破枪法

退枪，提枪破；走马缠枪，蓬（掤）枪破；上游场枪，秦王摩（磨）旗枪破；下游场枪，拨草寻蛇枪破。

以上共七十二路花枪法。

诗曰

神枪使动冷飕飕，大蟒〔二〕穿心凤点头。六路花枪千变化，埋没至今又传留。

花枪好似金标起，攻战军中万将愁。镇国安邦乾坤手，千载留传一根〔三〕由。

四十二路散枪法

玉女引针，孤鹰出群，分宗斜托，上三条，下三条，上游场，下游场，劄（扎）六枪，劈六枪，蜈蚣钻板，蛇居盘里，闪门猿猴，开锁狮子，撞南天门，白鹅夺窝，捉法进法，秦王挂孝，白蛇吐信，

〔一〕赛入萌芽，语义不明，或为方言，待考。

〔二〕大蟒，即指枪。

〔三〕一根，指杨家枪。

倒拉棘针不留门，吕布交战，黄龙卧道，拦路虎，二拿枪，死蛇居地，白蛇弄风，梨花滚袖，穿指穿袖，黄莺坐架，挽步取手，猛虎翻身，伸手取虎，凤凰单展翅，群拦，左右插花，白马摇春，佛顶珠，里入门，外入门，穿连护手，左边拦，右跨虎，黑龙入洞。

以上共有四十二路枪使手。

且不论圈枪〔一〕为母，即说封闭捉拿。拿枪之母是祖家，后把六合之法传下。若人知其圈枪滋味，即晓得封闭捉拿，拿枪之母是祖家，人若习贯（惯）〔二〕熟劄（扎），勤谨把六合牵挂。

诗曰

一载（截）〔三〕之枪非用拿，二进猛虎似毒蛇。【『载』字疑是『截』字】

三拦猛虎当道卧，四缠黄莺把兔挝。

五拿二龙来相斗，六直〔四〕单刀挡狂斜。

〔一〕圈枪，枪尖画立圆的一种防守型枪法，动作如缠法，比缠法画圆稍大。

〔二〕贯，据文义，当作『惯』字。

〔三〕载，据文义，应为『截』字之误。

〔四〕直，指侧身斜进时要求枪紧对对方的心、喉、头、面等要害部位。

又诗曰

梨花之枪似飞沙，凤凰点头上下发。
白蛇弄风身曲定，一把铁扫等来劄（扎）。
拨草寻蛇人难进，秦王摩（磨）旗按兵法。

弟子问师曰：『人说枪有门有户，不知何为门户？请指教焉。』师答曰：『若知枪之门户，以枪母取之则得矣。一母生三，三生六合，则有千变万化之妙，其要不过手熟而巳（已）。』弟子又问曰：『使手如何？』师答曰：『生在于母，死在于母，万法尽在于母也。』

诗曰

若知细理是师家，不知滋味妄胡发。
果遇明师亲指点，倒身下拜也不差。

要知使枪也论时，也论风月。卯时使枪站东方，未时使枪站西方，午时使枪站南方，夜间使枪站北方；黄风〔一〕使枪当风立，朔风〔二〕使枪顺风行，月明使枪皆如是，弟子一一记心中。

〔一〕黄风，指挟带黄沙的大风。
〔二〕朔风，指冬天的风，也指寒风、西北风。

诗曰〔一〕

刚在他力前，柔在他力后。
彼忙我静待，任君生意斗。

又诗曰

试问此枪何处来，生在武将神人排。
宋朝有个杨骏（郡）马〔二〕，他将此枪传出来。
人说此枪非容易，我觉此枪不难哉。
专心学习三年整，百万雄兵不挂怀。

此枪自清朝康熙三十一年始得杨氏世传，神枪总论法当宝之，珍之，无泄！

二十四枪势，绘缘于后

二十四势按中央，按下神枪鬼也忙。左边使下移山势，右边使下步穷难。【『穷难』二字疑有错误】

〔一〕此四句出自纪效新书·短兵长用说，原文云：『刚在他力前，柔乘他力后。彼忙我静待，知拍任君斗。』（戚继光：纪效新书：十八卷本，第一八四页。）

〔二〕骏，据文义，应为『郡』字之误。杨郡马，民间传说杨六郎（杨延昭）的夫人为柴郡主，因此，人们称杨六郎为『杨郡马』。

前边势蛟龙戏水，后边势卧虎隄（提）〔一〕防。斜行偃月乾坤手，护心枪盖世无双。老祖授下金枪势，卧龙江上斩龙王。从今野马三跳涧，少华山〔二〕上有神枪。

演杨家大枪歌

枪母

圈外戳〔三〕面复戳脚，进步圈里望肩搠。你若拦枪败步回，疾步赶上刺心窝。

圈外四枪圈里二，六合从此露头角。再加捉拿并闪赚，鏖战军中也不错。

上八势

夜叉探海势好，四夷宾服有名。指南针势定输赢（赢），十面埋伏取胜。

得手青龙探爪，边拦如山不动。铁翻杆势大不同，跨剑势对阵冲锋。

中八势

地锦〔四〕片片生花，天香阵阵烟云。铁牛耕地胜负分，滴水颠提直进。

骑龙须仗拗步，白猿拖刀赚人。琵琶势白牛转角，捕鼠势虎伤羊群。

〔一〕隄，据文义，当作『提』字。

〔二〕少华山，位于今陕西省渭南市境内，与华山相连，因主峰低于华山，故取名少华山。

〔三〕戳，即『扎』，戳法即『扎法』，上平枪、中平枪和下平枪直线扎枪之法，统称为戳法，但最基本的戳法是中平枪势的扎枪。（中国武术大辞典编辑委员会编著中国武术大辞典，第三二八页。）

〔四〕地锦，即铺地锦势。

下八势

太山〔一〕压卵势险，美女纴（纫）〔二〕针法密。掉摆令人不测，［鸿］〔三〕门也是诡计。伏虎〔四〕斜挨硬上，推山塞海出俗，鹞子枪〔五〕莫言法尽，还有太公钓鱼〔六〕。

【此页在前下八势之下，且『门』字之上，亦缺一『鸿』字】

第一合

第一着（招）〔七〕，圈外搭（搭）〔八〕枪圈里搠，你若拳手收枪回。止步放枪且戳脚，待你认真披面〔九〕迎。进步提枪里外同，三四着（招）是梨花。圈里摆头圈外戳，我枪落地你枪迎，捉枪戳你不留情。若知圈里也如此，摆头进步是一理。有人参透其中意，阃〔一〇〕外专征就是你。

〔一〕太山，出自谏逐客书，即泰山，位于今山东省泰安市。

〔二〕纴，据文义，当作『纫』字。后同。

〔三〕鸿，据纪效新书：十八卷本所补。鸿门，即闯鸿门势，乃抛梭枪法，为诱敌深入枪法。

〔四〕伏虎，即伏虎势，乃六封枪法，为防守型枪法。

〔五〕鹞子枪，即鹞子扑鹌鹑势，乃拨草寻蛇枪法，为进攻型枪法。

〔六〕太公钓鱼，即太公钓鱼势，乃磨旗枪法，为独立枪势。

〔七〕着，据文义，当作『招』字。后同。

〔八〕搭，据文义，当作『搭』字。

〔九〕披面，正对着面额。

〔一〇〕阃［kǔn］，据文义，此处应为门槛之意。

第二合

缠枪法，赶步圈外把枪压。你枪起，疾步提枪走圈里；你枪抬，伏身一提戳你怀；你来捉，上指头却戳脚；你戳里，伏个蹬跳龙摆尾；你来赶，回身捉枪戳你脸。有人参透其中意，百万军中浑是胆。拦枪变，忽闪圈里把枪按。你若拔枪披面迎，捉枪戳你真妙算。变黄龙，圈里两缠圈外同。起枪戳你若来捉，黑龙入洞就戳脚。你进步，飞身跳回堵中路，再一变凤点头，圈外指脸圈里游。你若动时我又过，披（劈）〔一〕枪进步戳咽喉。有人参透其中意，百万从中争上流。

第三合

穿指枪，法正陟，你枪不动我戳手。穿袖枪，法也恶，披（劈）枪进步戳割脖；鹞子枪，点更多，跌脚进步忽一捉。再一逼时捉枪进，好似蛟龙出碧波。白蛇枪，巧弄风，圈里伸头圈外冲，上指下戳抽身退，赶来拖刀披面迎。有人参透其中意，斩将搴旗〔二〕立大功。

第四合

四合枪，有何拿，圈里径进把枪斜。圈里戳来圈里架，圈外戳来圈外拿。披面戳去诱你捉，戳脚退步疾如梭。猫捕鼠忽然捉，枪就戳汝仗掤退，圈里拦枪法为最，诱你拔枪披面迎，圈外戳你把身退。

〔一〕披，据文义，应为『劈』字之误。后同。劈枪，双手握枪，由上向下，用力猛劈，力达于枪尖。（中国武术大辞典编辑委员会编著中国武术大辞典，第二八〇页。）

〔二〕搴[qiān]旗，拔掉对方的旗帜，象征胜利。

铁扫帚，圈里轻扫圈外丢，诱你来时得枪退，苍龙摆尾并摇头。有人参透其中意，乘风波（破）〔一〕浪定封侯。

第五合

忽左忽右里外闪，下护脚尖上护脸。披面一枪诱你捉，丢在地下使虚着（招）。你若单手披面还，捉枪径进刺心窝。圈里进步谎（晃）一谎（晃），闪过圈外往里闯。毒龙出水脸上霍〔二〕，不得头面也得脚。退步赶来我不怕，滴水边拦法更多。可寻蛇，草中一拨把枪斜，大闪门户诱你来，进步捉枪刺心怀。有人参透其中意，不上麟阁上云台〔三〕。

第六合

截枪进步手不歇，拦枪也从圈里得。你戳右足圈外缠，你戳左足圈里格。料你拨枪连步进，且战且退真奇绝。有人参透其中意，下护苍生上护国。

〔一〕波，据文义，应为「破」字之误。

〔二〕霍，说文解字有解三，乌急飞的声音，引申为急速、快速之意；消散；消除。文中「霍」字疑为河南、河北一带方言，有「迎面击打」之意。

〔三〕麟阁，麒麟阁，汉代阁名，在未央宫；云台，汉明帝刘庄在洛阳南宫云台阁命人画了二十八位大将的画像，称为「云台二十八将」。文中两者均表「名垂千古」之意。

夜叉探海势

乃持枪行立看守之法。遇敌变势，随机应用，无不中节。

四夷宾服势

此乃中平枪〔一〕法为六合枪之主宰，［作］〔二〕二十四势之首领（元）〔三〕，变妙（妙变）〔四〕无穷，自古迄今，各器械鲜有当其锋者，诸势莫可同其趣。

〔一〕中平枪，明清枪法术语。这是最基本的持枪姿势，即枪的根部紧贴自己腰间，双腿略屈，枪尖正对对方胸腹之间的持枪势。枪法基本攻防动作，如拦、拿、扎的练习，均以中平枪势为基础。（中国武术大辞典编辑委员会编著中国武术大辞典，第二七三页。）

〔二〕作，据纪效新书：十八卷本所补。

〔三〕领，据文义，应为『元』字之误。

〔四〕变妙，据文义，应为『妙变』之误。

定南针势

此乃上平枪〔一〕法。其类用近乎中平之法，而着（招）数不离六合之变化。有心演悟者，二十四势之中，可破其半焉。

十面埋伏势

此是下平枪〔二〕法。其门户紧于上平之法，机巧不亚于中式。精于此势者，诸势皆可降耳。

〔一〕上平枪，明清枪法术语。上平枪是比中平枪势略高的持枪姿势，将枪端在自己的齐胸高度，枪不必紧靠胸上，双腿微直，较中平枪势略显轻松。（中国武术大辞典编辑委员会编著中国武术大辞典，第二七二页。）

〔二〕下平枪，又称『低四平枪』，明清枪法术语。这是较之中平枪为低的一种持枪姿势，将枪压至自己的腹胯部位，双腿蹲屈程度大于中四平势，全身紧张程度亦大于中四平势。（中国武术大辞典编辑委员会编著中国武术大辞典，第二七二页。）

青龙探爪势

此乃孤雁出群枪法。势势之中，着着（招招）之内，发枪劄（扎）人，皆不离乎斯法而巳（已）。

边拦势

此乃里把门封闭枪法。看守门户，内有缠捉颠拿闪赚，上又有穿指、穿袖、穿股，倘他出马一迎，抱着琵琶埋伏而巳（已）。

铁翻竿（杆）势

此为外把门，黄龙点竿（杆）枪法。一截二进，白蛇弄风，鹞子扑鹌鹑，不肯放松耳。

跨剑势

乃是群（裙）拦〔一〕枪法。大开门户，诱他进来，遂我中途拿刴，他虚我实摇梨花，他实我虚掤退救护耳。

〔一〕群，纪效新书：十八卷本作『裙』字，当是。裙拦，拦枪的一种。

铺地锦势

此乃地蛇枪法。起手披（劈）挨急刻（刺）〔一〕，高来直擦难饶，若他滴水纴（纫）针穿，苏〔二〕法死中反活。

朝天势

此是上惊下取枪法。摇旗扫地铁牛耕，那（哪）怕他拖刀诡诈。

〔一〕刻，据文义，似为『刺』字之误。
〔二〕苏，复活、苏醒。

铁牛耕地势

此是急搗确枪法。硬去硬回莫软，惟有此枪无空；若他平伏闪吾枪，就使黑龙入洞。

滴水势

此是提颠之枪法。顺手凤点头，披（劈）扑中取巧，进势用骑龙，出可掤退勇，若还破低势难同，伏地枪百发百中。

骑龙势

此乃拗步枪法。进有拨草寻蛇，退有边拦救护，梨花滚袖似穿梭，四面是枪云罩雾。

白猿拖刀势

此乃佯输诈败枪法。逆转硬上骑龙，顺步缠拦崩靠，迎封接进弄花枪，就是中平能破。

琵琶势

此乃白牛转角枪法。上来钩崩进挫，中来滚剁拿好，下来提櫓（擼）快如梭，得势青龙探爪。

灵猫捉鼠势

此乃无中生有枪法。进步虚下，扑缠赚伊枪，动时使梨花，遇压挑天冲打。

泰山压卵势

此乃鹰捉兔之枪法。势维高发，身中变异，任他埋伏地蛇冲，我又摇（磨）〔一〕旗扫地。

巧女〔二〕纴（纫）针势

此乃尽头枪法。好破他地蛇，防备他颠捉，起手凤点头，披（劈）闪纴（纫）直（真）〔三〕戳。

〔一〕摇，纪效新书：十八卷本作『磨』字，当是。

〔二〕巧女，纪效新书：十八卷本作『美人』。

〔三〕直，纪效新书：十八卷本作『真』字，当是。

苍龙摆尾势

此乃是掤退救护之法。电转风回，惊散梨花摆头闪赚。

闯鸿门筵（宴）〔一〕势

此乃抛梭枪法。身随枪进，闪挫剁拦，捉攻硬上。经曰：六直妙在其中。用长贵短，用短贵长，此为艺中妙理。短而长用者，谓其可御〔二〕彼长，长入而短不中，则反为长所误。故用长以短，节节险嫩，就近身尺余，法便不老。彼见我之器长，安心欲使我进深无用，我忽节节短来，彼乃知（智）〔三〕屈心违。避，仓卒使彼对我不及。此用长之妙诀，万古之秘论也。

〔一〕筵，纪效新书：十八卷本作『宴』字，当是。

〔二〕据纪效新书：十八卷本的『闯鸿门势』，在『短而长用者，谓其可御』之后应有『彼长。长入短不中……万古之秘论也』。然此谱将此段文字置于『太公钓鱼势』之后，当是页码错乱所致，故将这段文字的校释调整至此。

〔三〕知，据文义，应为『智』字之误。智屈心违，意为智谋用尽，但目的还未达到。

伏虎势

此乃六封枪法。斜倒硬上如风，退闪提拦缠捉，他如压卵又朝天，铁扫迎封接靠。

推山塞海势

此乃护膝抢法。高来而用摇旗挨捉，低来即使铁帚颠提，中来如箭有虚有实，可用铁牛耕地。

鹞子扑鹌鹑势

此乃拨草寻蛇枪法。高接虽用缠拿，逢中路而披（劈）擦直过，倘他掤退把拴枪一剁。

太公钓鱼势

此是摩（磨）旗枪法。诸势皆可敌，而轻挨缓捉，顺敌提拿，且进退如风，枪有三件大病。一，立身法不正；二，当劄(扎)不劄(扎)；三，三尖不照。必上照鼻尖，中照枪尖，下照脚尖。你枪发，我枪拿，你枪不动，我枪劄(扎)。来得紧，去得硬，不遮不架是个空。

〔一〕平，据纪效新书：十八卷本所补，应指中平枪。

棍法

一用棍法如读〔四〕〔一〕书而巳（已），钩、刀、枪、钯，如各习一经耳。四书之理既明，五（六）〔二〕经之理推之而皆明矣。若能精通棍法，则凡利器之法，皆从此而得之矣。

一凡习演棍法，将棍一打一击俱要有声，日久自然有力，高不过眉，低不过膝耳。一棍初交，则下起者有势，棍深入，则上压者取羸（赢）。

棍法总诀歌

中直八刚十二柔，上提（剃）〔三〕下按（滚）〔四〕〔分〕〔五〕左右，打对（杀）〔六〕高低左右遮（接）〔七〕，手动足进要力周（参互就）〔八〕。

又诀

一打棍法俱要后手工夫，棍不宜高起。今之打棍者，惟恐起不高，打不重，盖只有前手之力，而

〔一〕四，据纪效新书：十八卷本所补。

〔二〕五，纪效新书：十八卷本作『六』字，当是。

〔三〕提，纪效新书：十八卷本作『剃』字，当是。

〔四〕按，纪效新书：十八卷本作『滚』字，当是。

〔五〕分，据纪效新书：十八卷本所补。

〔六〕对，纪效新书：十八卷本作『杀』字，当是。

〔七〕遮，纪效新书：十八卷本作『接』字，当是。

〔八〕要力周，纪效新书：十八卷本作『参互就』，当是。

无后手之功耳。故必以棍顺人之势，借人之力，只宜速进急退，虚进实退，无不成功矣。

秘总诀传

阴阳要转，两手要直，前腿要曲，后腿要直，一打一挑，遍身着力，步步进前，天下无敌。

拳法

太祖神拳定家邦，关西五路〔一〕把名扬。七星拳但看人腿，五笼拳视下不忙。

变肘拳人人害怕，闪赚拳武艺高强。背走关西赵太祖，十八川关去平强。

虎头山前威名重，转谎（晃）拳人人难当（挡）〔二〕。埋蛇势他能使下，下着势看者不忙。

猛虎势横拳便打，不开门攻来何妨。当路炮连忙放下，永平拳走进江南。

朝阳势金鸡独立，有神拳惯打南方。

大清同治三年岁次甲子二月上旬钞（抄）〔三〕

〔一〕路，宋朝行政区划，在水浒传中也有提及。宋朝在地方设置州、县，州县以上设置路，但路不管行政，主要管监察和财政。关西五路应指西北的熙河路、鄜延路、环庆路、泾河路、河东路。

〔二〕当，据文义，当作『挡』字。

〔三〕钞，据文义，当作『抄』字。

制长枪法式〔一〕

[若]〔二〕后手如细，则掌把不壮，后手要粗，可盈把〔三〕，庶有力。后手要把在根尽头，庶枪身活动不滞。枪腰[要]〔四〕从根起，渐渐细，只至头[而止]〔五〕，如腰粗，则[硬]〔六〕强不可拿。[枪]〔七〕腰细，则软而无力，虽手法之妙，不能拿打他枪开去也。枪稍（梢）不可辄细，要自后渐细，方有力，最忌太重，重则头沈（沉），不可举动〔八〕。枪头重不可过两，至妙至妙！

制枪法

枪鐏式

右枪杆，稠木第一，；桧木轻而稍软，次之。要劈开者佳，锯开者纹斜易折，攒竹腰软不可用。

〔一〕制长枪法式，出自戚继光纪效新书·长兵短用说篇中的『制长枪法式』，故此段文字据纪效新书：十八卷本而校。

〔二〕若，据纪效新书：十八卷本所补。

〔三〕盈把，满把，把为一手握的周长。

〔四〕要，据纪效新书：十八卷本所补。

〔五〕而止，据纪效新书：十八卷本所补。

〔六〕硬，据纪效新书：十八卷本所补。

〔七〕枪，据纪效新书：十八卷本所补。

〔八〕『不可举动』后，纪效新书：十八卷本有『是弃枪也』四字。

巡抚荆川唐公〔一〕于西兴〔二〕江楼自持枪教继光。光请曰：『每见他人用枪，圈串（穿）〔三〕大可五尺，兵主独圈一尺者，何也？』荆翁曰：『人身侧形，只有七八寸，枪圈但拿开他枪一尺，即不及我身膊可矣。圈拿既大，彼枪开远，亦与我无益，而我之力尽。』此说极得其精。余又问曰：『如此一圈，其工夫何如？』荆翁曰：『工夫十年矣。』一艺之精，其难如此！

〔一〕唐公，即唐顺之，明代著名军事家。
〔二〕西兴，在今浙江省杭州市萧山区西北钱塘江南岸。
〔三〕串，据文义，应为『穿』字之误。

枪点

提要

枪点一册，抄本，具体抄录时间与抄录者情况不详，然据谱中图文，基本可判定为清末抄本。其字体为行草，共二十三页，其中空白页三页，已删除。捐献者许敬胜，籍贯兰州。此谱现藏于中国武术研究院，院藏编号为G852.23-19。

此谱首页左上方题有『枪点全本』字样，中下方题署『高发福』三字。『高发福』此人是否即抄录者，尚难断定。

此谱主要内容包括自叙；枪法总论（封闭十法、练缠拿法、论刚柔、论十法缓急、论枪杆软硬长短、论步法、论持枪手法、论神情、论虚实、论人败虚实、论用功存心、论枪不宜滥传）；枪法具体招数（枪点数、二人托枪套上手、二端下手枪五十点、二段上手枪五十点、八门奇枪、分手九枝子、长兵短用法、二人托枪套）；总要法等。文末附有一张枪式图及『参术芎归汤』药方。然其中的『长兵短用法』，出自明代戚继光的纪效新书·长兵短用说篇。

此谱对枪法中的手法、步法和缠拿等问题说明较多。其中的最大亮点是对枪法中的『封闭十法』进行了较为详细的介绍和说明，估计这是著述者本人对枪法的感受和认识。

需特别说明的是，此谱最后还附有一份有关房屋租赁的契约稿，其内容与武技无关，故未校释。

枪点影印

拋[illegible]
掛球

高發福

撿點全本

自叙

余之槍法。得之由基。楊公夫子。余之所以作此譜者。蓋不欲私之於己。而願共諸天下。傳於後世也。嘗論前古之豪杰。後世之豪杰。凡能預用此功。潛心玩味。於此果有心得。達而在朝。窮而在家。皆可以自衛保其身。匀曰。槍法乃屬小道。而遂謂嘗閱經書。何此譜此未而將为。不能當戰陣之時。苟槍法未習於平素。敵來前。焉能不預其事乎。難之現素不宜深習。然詳文字而略武條。亦非治國之勝算也。大凡略武云。槍法誰將其用也。窮而在下。不習之當用之地矣。豈知不然。昔者吾族叔各收貿易於齊路。過華山。山下偶遇賊黨數十人。截住言道要白銀十數兩。吾族叔決不肯與。眾賊子特力刃即受傷之。幸吾族叔素習槍法。即點槍近賊。[illegible]之傷命者十五人。被傷者七人。其餘盡竄而逃。吾故謂窮而在下。不能置之當用之地也。以告後世之豪杰。曲擬

吾心可耳

伍員謹識

封閉十法

接 接住與進 柔條則也

撐 人若扎來 撐之身外

隨 人槍若詐 我虛隨之

駝 人槍若披 我槍駝之

閃 人若扎來 我躲彼槍

淡 人若猛來 身好彼之

撻 槍在身外 我則撻之

纏 槍在我上 我則纏之

拿 槍在我下 我在拿之

擱 槍在我下 我則擱之

初學槍者當先與之講究明白然後可以學點數不然雖學此不精矣

練纏拿法

用騎馬勢。將槍扎去。後步。作陽扎也。或曰作陽扎矣。何必後步乎。曰。凡學莫患乎有病。手足不隨。槍之病也。若不後步而習之。至於人扎之時。我槍以搭人槍。此處若石墜地。然後方進。何其遲也。若後步而習之。至扎之時。手足相隨。似乎可雖難。猶覺起而進。何其速也。

况乎扎槍之時。會性命攸關。游之固可以不慎耶。

論剛柔

槍到剛柔。至前手剛力一用。急速扎之。所謂剛也。未至前手。已不用力。道遞待之。所謂柔也。蓋柔易於轉動。至扎槍之時。我槍至人前手。亦可以用剛也。

論十法緩急

槍之前後急者閃也。何也。扎槍之時。未有一槍不閃者也。其次剛拗法。叢法。纏法。拿法。靠法。攔法。撲法。以上八法。一扎槍。即用至於後。法必隨法。飛剌已知。彼練熟之時。未可輕用。

論槍桿軟硬長短

人槍桿如垂虎口。我槍如捲。人占我槍。我槍如弓。人可以真進。使我槍稍佃於彼槍。可以巧破之也。如何。必構拘粗細。重要之問：或曰：人槍長，我槍短，宜若何？我槍步飛疾，則將手閃法如雷電，運步如飛，人槍雖長，於我如不甚驚人。此一見而心恐懼，則出之便捷，銷於徒步，不幾乎喪於槍下乎？

論步法

托槍俱宜用前拱步。或曰：何為前拱步？曰：前出拱步，則前進必堅。或曰：既宜用經前拱，還用何步乎？宜用後托步。或曰：何如後托步？曰：其似腳步，而前後稍直耳。或曰：順步宜若何？曰：如騎馬勢。

論持槍手法

前手持槍，宜活。或曰：持槍活其手，必不固。曰：掌虛之，大指與食指中指扣住，何為不固？或曰：槍若進，可若何？曰：進槍則活變為死，不過轉瞬之時。若槍於人槍托不至，其前手，手不活也。或曰：後手宜若何？曰：堅執惟

不擠力

論神情

已與人粘搭之時。敵人欲粘我，可以前知。或曰：何由知之？曰：彼欲粘我，其心必怒之，則見於眉睫之間。我乘其時，粘之可保必勝。或曰：必勝之理，居於何處？曰：彼欲粘我，其手必用力，用力必猛，猛則出乎豐節，故曰可保必勝。

論虛實

搭之處實，心在形而在心。心虛雖實，實當虛；心實雖虛，虛當實。須善粘搭者，彼欲其粘，而其形却虛；彼欲虛引，而其形若實，是即所謂實者虛之處，虛者實之也。

論人敗虛實

昔曾到戰招長，白必下視其鞘，敵其慎，魔然，後方追搶法皆然。蓋人所以敗者，剛起我自滿之心也。我心以滿，存心必粗，則雖剛不勝。

不剛不收。故人走之時，必是其槍法散亂，然後可進。不然，其詭將至計，謀〻不當曉乎。

論用功存心

平日托槍，目前恍若有人，槍照而有着落。臨敵之時，目前如無人，心地方能穩靜。

論槍不宜濫傳

不忠不孝者不傳，無義者不傳，不謹不慎不傳。若傳槍者，而擇其人也。彼若為非，陷於法網，雖罪不及於我，亦如助人為非矣，可不慎哉。

槍點數

大滾窩（一閃腳 進步）　小滾窩（敗步 偷步 順步）　怪中抱月（順步 裏滾窩）

白猿入洞（順步中平槍）

定南針步（順小）　黑虎坐洞（坐步 一拿）　金蟬脫殼（縮步 順步）　仙人點穴（敗步）　敗人敢勝（生步）

白蛇吐性（望手 出槍）　斜窺中原（斜步 跳步）　金風掃地（偷步）　犀牛望月（提步）　杠里偷梅（偷步）

神龍探爪偷步　白雲還山由蹬步進翻步　點地拋金提步　猪龍闖地並步　順步掃葉小偷步

蛟龍出水大敗步　白猿獻菓小掄步　大蟒摇頭大敗步　追地風跟步名追　三環套月小對步

鴉子挾胸小坐步　橫掃千軍提步二步仍提步定住　死蛇搨地大補步　仙人指路跳步

撩陰小偷步　鎖口小敗步　縮頸槍　走馬回頭退步順步定住　抱琵琶花月左足在前小步　倒坐橫坐步

懸風定住前進二步仍定順步　倒坐履退倒進二步順步定住　金鷄點頭抽撤步　偷步脫靴偷步

槍點數號，知則直奪，搶眼直奪，點數當並益也。

白猿入洞步。順步中平，自程門一拿。微閃，縱其前手入而抵其胸。

蜻蜓是上搭槍也。火裏鑽步。從其外門一盡點上拗步。一堤刺其胸也。騎平當從，此出之此，是與人搶着刺之時而用之。

例爲並列，蓋內外也。懷中抱月步，人若中平抵我，我尚其外門，一閃抱槍而刺其脇。此是奪門搶其也。疾而能占採也。定南針步，出隨其將達之時而抵之。小順步，兩脘伸開，取其槍長也。此槍对敵之時。斷不可少。黑虎出洞勢。人若扎來，進步拨槍。仰手奪物。而觀其槍之虛實，然後可進也。小浪窩勢。向裡門一遮。底搭槍向裡。前手。靠，刺其腿。人若一動，即偷步中平刺其心胸。金蟬脫殼。人若底扎來，我槍將彼槍向其外。攔進对步，而刺陰也。一攔出身力。我槍撥動。彼槍若不遠矣。仙人點額勢。人若向口扎來，我向其外一閃。而扎其目也。或當困槍用亦可。敗中取勝勢。詐敗後進，出許以扎之也。犀牛望月勢。人若扎我。外門來身入其勇膀。而扎其腹也。此是奪門槍。斜窺中原勢。人若扎來。身向右閃。通用槍搬槍而扎之也。須就背槍進，亦能百發百中。夜星偷排勢。人若一拿。前手提起一閃。撤腳步順手。前進而扎其脇。此是中平槍也。金風掃地勢。偷步向右一轉。而扎其胸也。此出勢力。此槍與斜窺中原一連用之。妙不可言。神龍探爪勢。偷步刺其膝。人如一動，復中平刺其胸。白雲遶岫勢。提槍。

右闪一踏。其足腹中平進步。一托之也。踏地成金勢。身入其右膝。而刺其足也。猪龍閙地勢。身入其右膝。抱槍而刺其足也。順風掃葉勢。横進一搡人槍。陽反一托之也。蛟龍出水勢。虚踏一槍。身伏着走。而起一托之也。勢貴乎疾。大蟒摇頭勢。槍向其右。一圈一捥其神。中平一托之。白猿獻菓勢。人若托來。用勢一軟其手否。則用劈以劈其面。皆從此勢出也。追地風勢。用跟步。持鎗進敵也。以。仙人指路勢。舉槍刺其目也。玉環套月勢。用跟步。撰環一托之也。鷄子挾胸勢。身微閃。奪門以托之。以横掃千軍勢。抱槍横走以刺之。復归正門以托之也。死蛇塌地者。人刺我足。我以伏搡其槍而刺其陰也。鎖口者。人若托來。我右闪進步。刺其手。以搡陰勢。人若托來。我偷步。往後一退。搡其陰也。走馬回頭勢。虚引敵人。退二三步。忽定住而托之也。抱琴勢。人若中平扎來。我微閃。一抱。而刺其胸也。此是之搡胸。飛步倒走勢。横往後跳。蓋槍彼人而托之。此人也。倒墜纏絛勢。我思而入。隨用纏拿。而托之也。金鷄踏頭勢。

左右虚踏。以慌其神。待闪门。而扎之也。此各包七枪。偷步脱敌者。右扎来。我膝下。我以猾偷步进。而扎之也。白蛇吐信者。单手提枪。以扎之也。共计枪根三十四重势者。不戴字者。精神要坚。不可轻用。若见敌人。心不可虚动。可以随机而应变。岂云不百发百中乎。

或问白猿入洞。以何破之。曰。以锁口。盖锁口者。御我枪人横。我坚岂撑刀用即破之也矣。或曰。大濠窝。以何破之。曰。犀牛望月。盖此枪底枪也。躲我右。我躲其左则破矣。或曰。怪中抱月。以何破之。曰。我枪向其右一套。用白猿入洞破之。或问定南针。以何破之。曰。我枪向门外一套。用白猿献果破之。或问墨虎盘洞。以何破之。曰。不可轻进。盖此枪。用以观我虚实也。可用金鸡点头。以慌之。然后方可进也。或问。小滚窝。以何破之。宜用白云入（归）洞之一捲也。或问。点地金。以何破之。用死蛇塌地也。或问。金蝉脱壳。以何破之。曰。用蛟龙出水也。或问。拼龙闹地。以何破之。曰。用金蝉脱壳也。或问。仙人照镜。以何破之。曰。金鸡走边一提也。或问收中取胜，以何破之？曰：用悬风定位也。或问白蛇吐信，以何破之？曰：用惊风扫叶也。或问犀牛望月，以何破之？曰：用横扫千军也。或问斜窥中原，以何破之？曰：用神龙探爪也。或问金鸡补地，以何破之？曰：用锁口也。或问神龙探爪，以何破之？曰：用抱琴也。或问大蟒探江，以何破之？曰：用金点江中势王。或问白猿献果，以何破之？曰：用仙人点穴。或问追地风，以何破之？曰：三江中抱月。或问三环套月，以何破之？曰：用斜窥中原。或用点穴。或问征人指路，以何破之？曰：用点江中之驹。或问鸡子披胸，以何破之？曰：用锁口也。或问横扫千军，以何破之？曰：用吐信也。或问卧蛟搨地，以何破之？曰：用锁口也。或问撩阴，以何破之？曰：用金蝉脱壳也。或问锁口，以何破之？曰：用抱琴也。或问铺江捺，以何破之？曰：用劈手也。或问旋风定位，以何破之？曰：用蛟龙出水也。或问倒坐蹬缩，以何破之？曰：用定南针也。

以上破法，尚难不必拘定架势。要之，由学入心，窍可用天平也。天要格法之中。其此類去拗法。纏拿法者居多。至於隨軌法亦可將身法步不能。其餘諸法。皆宜藏擇法在內即能合宜。

二人托槍套上手。

上步跕定裡扑拿。 轉還偷步裏手托。 扑開上步劈手托。 上步偷步裏手托。 扯步硬扰騎馬勢。 黑虎坐洞望裏托。 倒退一步裏手托。 上步跕定順搶托。 擁搶跕定騎馬勢。 鋪騰偷步坐盤勢。 扑上步劈手托。 進退偷步裏手托。 倒退鐵步托槍扎。 前上剪步趕步扎。 黑虎坐洞外扑拿。 倒退上步蹬腳扎。 詐敗倒退托步扎。 前上四步上步扎。 滾窩去身蹤入洞。 死中搶合轉還扎。 倒退回步定坐住。 擱上偷步撩陰托。 敗中取勝鷂子擺尾。 正身裡拿上步扎。 金鷄跕行騎馬勢。 插槍扯步蹬手扎。 上步冊槍坐盤勢。 開步裏拿騎馬勢。 白猿入洞上步托。 上步回槍坐盤勢。 扑開上步擂手劍。

上步圍槍坐盤勢。　開步拿槍工步扎。　裹拿沉步騎馬勢。　黃龍戰桿
工步扎。　轉環托槍騎馬勢。　工步順槍猿入洞。　倒坐纏係圈步拿。　倒退工步
跕心扎。　倒進工步底槍扎。　倒退工步跕腳扎。　倒退跕地鐵金扎。　攔江退
步取膝扎。　正身切步搭槍扎。　進步步搭騎馬勢。　前進切步搭槍勢。
上步圍槍坐盤勢。　開步裹拿騎馬勢。　倒退一步跕王扎。　白猿入
洞上工步。　裹拿沉步龍結桿。　扯步一跕歸正門。　各樣槍步仔細法。

二端下手槍五十點

工步站定望裡托。　轉環扎槍騎馬勢。　二環工步望裡扎。　外開工步方手劍。
補拿上步補心扎。　前進剪步猿入洞。　後退剪步截手扎。　黑虎坐洞步手拿。
倒退工步跕額扎。　倒退工步定至勢。　搖手胞月騎馬勢。　步開工步滾切扎。
烏龍翻江鎖口扎。　倒退工步不慌忙。　前進剪步猿入洞。　後退繞步跕手扎。
裹拿工步猿入洞。　裹拿沉步帥槍扎。　白猿入洞工步扎。　倒退觀步龍結桿。

斜步探手中平扎。 倒退騎馬攔鎗勢。 倒退跕平騎馬勢。 柔鎗偷步順槍扎。
扯步拿槍騎馬勢。 工步四平探心扎。 分拿沉步騎馬勢。 偷步環轉單平扎。
工步扎槍裏分拿。 扯步望盤望裏拿。 分拿旋轉回 上步偷步順槍進。
分上工步劈手扎。 上步轉環偷步刺。 扯步程扣帥槍扎。 上跕轉環工步扎。
斜心偷步橫槍勢。 分上工步劈手扎。 倒退攔槍騎馬勢。 轉環偷步順槍勢。
扯步程拿騎馬勢。 工步搭槍鎖上扎。 分上工步劈手扎。 上步轉環探心扎。
倒退一步單手扎。

二段上手鎗五十點

工步探爪望裏扎。 轉步搭槍（環沉步）搭槍勢。 二環工步望裏扎。 黑虎望洞分拿扎。
倒退騎馬望裏拿。 白猿入洞補心扎。 倒退襪步和平扎。 倒退騎馬攔馬勢。
倒退攬步指南扎。 退步程拿騎馬勢。 白猿入洞回裏（程）扎。 攔槍沉步騎馬勢。
程拿分劈步作揭。 搭槍切步望程扎。 進步分搭騎馬勢。 切步搭槍補心扎。

上步圈槍坐馬勢。開步一拿騎馬勢、倒退擒步點手扎。前進工步擒入洞。倒退擒步播手扎。倒退工步精心扎（倒退擒步床槍扎、）。點伯成、金退步扎（倒退工步擒入洞）。翻江退步取勝步。望寰一拿騎馬勢、鳥擒入洞工步扎、金鷄點頭騎馬勢。拉步之點归正门。

八門奇槍　分下九枝子

八奇，八正奇。中正、中正奇、奇進銳。奇退速、牽制。伏虎。是奇槍。金臺取水、和風擺柳、八步擒作。掤拉探海、烏龍擺尾、二指誘環。拾指川袖。一節。二進三攔、四壓五拿、六真、用長歸短、上下處、遮下不攔、技手、隱手、隨手進、隨進而退、隨退而進。出其不意、取其不避、一槍出窟、最為先、亦救命乎。奇槍法也。

長兵短用法

夫長兵必有短用之法、長槍架手易長、孰知短用之法、一寸不中、則不走與緊之變。倍他之短兵、一入投退不及、便為長、可謂即身手之同矣。須是兼身。步齊。進其單手一槍、此謂之孤注。是楊家槍之弊也。李克為然。諸葛亮。其短用法。須手步合二法不乖。後則用步法。退怠出則用手法。縮出槍杆。備器不得交在我槍身內。備自不敢輕進我手中槍。就進至一尺餘。尚可戰。人而短兵。功用周矣。若不然。失器。皆長出九寸至百步者。五千步而後發力。可至五千步者。二十五步而發。此亦長兵短用之法也。長則為之勢險。短則為（謂）之勢節。短長一理。夫長槍之法。始於楊氏。謂之曰梨花。天下尚知其妙。左右熟之。而已熟則心能忘手。手能忘槍。圓神而不滯。又莫貴於靜也。靜則心不妄動。而處之裕。故變化莫測。神妙無窮。後世鮮有得其妙者。蓋已之矣。或秘而不傳。或傳之而失其真也。

二人托鎗套

白猿入洞補心扎。　我用滾鶴圈外拿。　人換抱月刺我脇。　我用獻菓將他扎。

彼用敗中取勝走。　我用地風趕着扎。　彼走勢定用吐性。　我用掃葉將槍扎。

人勢一变用点顏。我用倚步定南扎。他身一伏底驗進。我身一倒圍身拿。他用敗中取勝走。

我用旋風定住扎。他趁此會鎗一撒。我用叱性將他扎。他用順風掃葉進。

我搶一套点顏扎。他從門裏鑽進。我用斜窺中原扎。我搶一变探爪勢。

他用伏身点之扎。他用悦殺將我破。我用我金盡地扎。他搶一捲坐步走。

我用箭步勢攔人。他從裏面入洞進。我式一变滚窮扎。他身一向進掏腕。

我搶一捲撤肩扎。他搶一撲步後坐。我用地風趕着扎。他身一向進私窺。

我用蛟龍出水扎。二人坐步歸正路。將搶撩步式攔人。

総要法

定勢之地死地也。对勢之地绝地也。左右要分明。上下前後要变化。開合閃綻要快。錯毫髮之間。陰陽要分明。身形要活变。腰要直。腿要曲。手要快利。反正背側要分清楚。不招不架。只是一下。犯了招架。紧連十下。口要穩。脚要輕靈。兩脇要展。每日清晨將氣來往。浅和凝滞。日久自然。工夫前進。倘若不知日久。自然成二病也。

参术芎歸湯

人参　白术　川芎　當歸

黄芪　山茱　白芍药　白茯苓

升麻　炙甘草

立当房屋铺面文字人〇〇〇因为使用不及今将祖遗房屋坐落南关坐南向北铺面三件内套房屋壹件共计四间其中说合请原至当面

〇〇〇名下为耕房屋居住同中言明当价纹银八拾两整即交无欠自当之后出入通行。要赎随房至回纳原银取无银常年居住恐后无凭立此文约存照

枪点校释

枪点全本

高发福

自叙

余之枪法，得之由基[一]杨老夫子。余之所以作此谱者，盖不欲私之于己，而愿共诸天下，传于后世也。无论当世之学者，后世之学地（弟）[二]，如能预用此功，潜心玩味，于此果有心得，达而在国，穷而在家，皆可以自韬保其身。勿曰枪法乎属小道，而遂谓无闻轻重也。何此？譬如出而为将，不能无战阵之时。苟枪法未习于平素，敌尖来前，焉能不殒其生乎？虽之既素宜深习。然详文事而略武备，亦非治国之胜算也。

大回[三]略武云，枪法谁将此用也，穷而在下。不置之无用之地乎？岂知不然。昔者，吾族叔名湖，

[一] 由基，即春秋时期楚国著名神射手养由基。明清之际，杨家枪名动天下，故误将养由基之『养』写为『杨』。文中将此枪法来源托名于此两人，无非是自我作古而已。

[二] 地，据文义，似为『弟』字之误。

[三] 大回，其意不明，疑为别字。

贸易于齐，路过华山，山下偶来贼党，数十人截住，言道要白银十数两。吾族叔决不肯与。众贼子恃力刀，即要伤之。幸吾族叔素习枪法，即执枪近贼人，伤命者十五人，被伤者七人，其余鼠窜而逃。吾故谓家而在下，不必置之无用之地也。时在后世之学者，曲拟〔一〕吾心可耳。

伍员谨识

封闭十法

按【按住真进，柔胜刚也】，撑【人若托来，撑之身外】，随【人枪若诈，我虚随之】，驼【人枪若披，我枪驼之】，闪【人若托来，我躲彼枪】，淡【人若猛来，身好彼之】，划【枪在身外，我则划之】，缠【枪在我上，我则狑（缠）〔二〕之】，拿【枪在我下，我在（则）〔三〕拿之】，崩【枪在我下，我则崩之】。

初学枪者，当先与之讲究明白，然后可以学点数。不然，虽学此，不精矣。

练缠拿法

用骑马势，将抢托手，移步，阴阳托也，或曰阴阳托矣。何必移步乎？曰：凡事莫患乎有病乎。

〔一〕拟，估量；猜测。

〔二〕狑，据文义，应为「缠」字之误。

〔三〕在，据文义，应为「则」字之误。

足不随，枪之病也。若不移步而习之，至于人托之时，我枪以搭（搭）〔一〕人枪，此处若石坠地，然后方进，何其迟也。若移步而习之，至于之时，手足相随，似乎以锤锤物，赏然而进〔二〕，何其速也。况乎托枪之时，会性命攸关，游之因（焉）〔三〕可以不慎耶。

论刚柔

枪有刚柔。至前手，刚力一用，急速托之，所谓刚也。未至前手，己不用力，逍遥待之，所谓柔也。盖柔易于转动，至托枪之时，我枪至人前手，方可以用刚力也。

论十法缓急

枪之所最急者，闪也。何也？托枪之时，未有一枪不闪者也。其次则按法、撑法、缠法、拿法、驼法、

〔一〕搭，据文义，当作『搭』字。后同。

〔二〕赏然而进，赏进作为一个词语的意思是赞赏奖掖或奖赏提拔。另，《列子·说符篇》：『彼必闻此而进，复望吾赏。』这句话的意思是：他一定是听说了那件事才来求我看他表演的，为贪财而献技，希望向我讨赏。此处的赏然而进，似有游刃有余之意。

〔三〕因，据文义，应为『焉』字之误。

崩法、划［法］〔一〕。以上八法。一提枪，即用至于凌（粘）〔二〕法、随法。飞（非）〔三〕刻己知彼，练熟之时，未可轻用。

论枪杆软硬长短

人枪杆如压虎口，我枪如搭。人占我枪，我枪如弓。人可以真进，使我枪稍细于彼枪，可以巧破之。如何？必构〔四〕拘〔五〕粗细毫发之间。或人枪长，我枪短，宜若何？我枪步飞短，则恃手。闪法如电，运步如飞。人枪虽长，于我如不甚惊人，如一见而心恐惧，则世之使鞍锏扴锤者，不几乎丧于枪下乎！

论步法

托枪俱宜用前拱（弓）〔六〕步。或曰：何为前拱（弓）步？曰：前出拱（弓）步，则前进必坚者。曰：既宜用往前拱（弓），还用何如步乎？宜用后托步。或曰：何如后托步？曰：其似脚步而前腿稍直耳。或曰：顺步，宜若何？如骑马势。

〔一〕法，据文义所补。
〔二〕凌，据文义，应为『粘』字之误。
〔三〕飞，古文中通『非』字。
〔四〕构，架筑。
〔五〕拘，遮蔽。
〔六〕拱，据文义，应为『弓』字之误。后同。

论持枪手法

前手持枪宜活。或曰：持枪活，其手必不固。曰：掌虚之大指，兴于中指，扣住，何为不固？或曰：枪若进时若何？曰：进枪则活变，为死不通。转瞬之时，若枪于人枪托，不至其前手，手不活也。或曰后手宜若何？曰：坚执惟有拧力。

论神情

己与人托枪之时，敌人欲托我，可以前知。或曰：何由知之？曰：彼欲托我，其心必恕之，则见于眉睫之间。我乘其时托之，可保必胜。或曰：必胜之理居于何处？曰：彼欲托我，其手必用力，用力必猛，猛则出手无节，故曰：可保必胜。

论虚实

枪之虚实，不在形而在心。心虚，虽实无虚。心实，虽虚无实。治善托枪者，彼欲实托，而其形却虚；彼欲虚引，而其形若实。是即所谓『实者，虚之；虚者，实之』也。

论人败虚实

昔曹刘（刿）〔一〕战招长勺，必下视其辙，乱其慎魔，然后方追。枪法无（亦）〔二〕然。盖人所以败者，刚起我自满之，心也。我心如满，存心必粗。则惟刚有胜，不刚有败。故人走之时，必见其枪法散乱，然后可进。不然，其诓〔三〕将之计。惕惕〔四〕，不无晚乎？

论用功存心

平日托枪，目前恍若有人，枪照方有着落；临敌之时，目前如无人，心地方能宁静。

论枪不宜滥传

不忠不孝不传，无礼无义不传，不谨不慎不传。若传枪者，而择其人也。彼若为非，堕于法刚（纲）〔五〕，虽罗不及于我，我如助人为非矣。可不慎哉！

〔一〕刘，据文义，应为『刿』字之误。曹刿，春秋时期鲁国人，曾于长勺（今山东省济南市莱芜区东北部）大败齐军。

〔二〕无，据文义，应为『亦』字之误。

〔三〕诓，骗。

〔四〕惕惕，指惊恐不安、心绪不宁的情状。

〔五〕刚，据文义，应为『纲』字之误。

枪点数

白猿入洞【顺步中平枪】，大滚窝【一闪掷进步】，小滚窝【败步偷步顺步】，怀中抱月【顺步里滚窝】，定南针【顺小步】，黑虎坐洞【坐步一拿】，金蝉脱壳【缩步顺步】，仙人点额【败步】，败人（中）〔一〕取胜【坐步】，白蛇吐性（信）〔二〕【单手出枪】，斜窥中原【斜步挪步】，金风扫地【偷步】，犀牛望月【提步】，夜里偷桃【偷步】，神龙探爪【偷步】，白云还岫【腾步进掷步】，点地成金【提步】，猪龙阖地【盖步】，顺步扫叶【小偷步】，蛟龙出水【大败步】，白猿献果【小捕（补）〔三〕步】，大蟒摇头【大败步】，追地风【跟步为进】，三环套月【小对步】，鸡子挟胸【小坐步】，横扫千军【提步三步，以提步定住】，死蛇搨（塌）〔四〕地【大补步】，仙人指路【并步】，撩阴【小偷步】，锁曰（口）〔五〕【小败步】，缩头枪，走马回头【迟二小步，顺步定住】，抱琴【𠘧（此）〔六〕花月势，左足在前】，步倒坐【横坐步】，悬风定住【前进二步，仍定顺步】，倒坐缠丝【倒进二步，顺步定住】，金鸡点头【抽撒步】，偷步脱壳【偷步】。

〔一〕人，据文义，应为『中』字之误。
〔二〕性，据文义，应为『信』字之误。后同。
〔三〕捕，据文义，应为『补』字之误。
〔四〕搨，据文义，应为『塌』字之误。
〔五〕曰，据文义，似为『口』字之误。
〔六〕𠘧，据文义，疑为『此』字。

枪点数既知，则宜学枪眼。空学点数，无益也。

白猿入洞者，顺步中平自里门一拿，微闪。从其前手入而托其胸□（也）〔一〕，此是上搭（搭）枪也。

大滚窝者，从其外门一霎点，上拗步一缠，刺其胸也。劈手无从此出之，此是与人枪，若到之时而用之。何为并列？盖内外也。

怀中抱月者，人若中平托来，我尚其外门一闪，抱枪而刺其胁。此是夺门枪。贵也，疾而能占搂也。

定南针者，出随其将走之时而托之，小顺步，两肱（肱）〔二〕伸开，取其枪长也。此枪对敌之时，断不可少。

黑虎坐洞者，人若托来，进步搭（搭）枪，似乎夺物。而视其枪之虚实，然后可进也。

小滚窝者，向里门一递，底搭（搭）枪向其前手处，刺其腿。人若一动，即偷步中平，刺其心胸。

金蝉脱壳，人若底托来，我枪将彼枪向其外崩，进对步，而刺阴也。一崩出身力，我枪撤动，彼枪无不远矣。

仙人点额者，人若向口托来，我向其外一闪，而托其目也。或当因枪用亦可。

败中取胜者，诈败后进，生计以托之也。

犀牛望月者，人若托我外门来，身入其两膀而托其腹也。此是夺门枪。

〔一〕原文字迹模糊，据文义，疑为『也』字。

〔二〕肱，据文义，应为『肱』字之误。后同。

斜窥中原者，人若托来，身向右闪过，用枪膀枪而托之也。须驼背抢进，方能百发百中。

夜里偷桃者，人若一拿，前手往前一闪，撤头步，顺手前进而托其胁，此是中平枪也。

金风扫地者，偷步向右一转，而托其胸也。此出势力。此枪与斜窥中原一连用之，妙不可言。

神龙探爪者，偷步刺其喉，人如一动，复中平刺其胸。

白云还岫者，持枪右闪一点，其足腹中平进步，一托之也。

点地成金者，身入其右膀，而刺其足也。

猪龙阖地者，身入其右膀，抱枪而刺其足也。

顺风扫叶者，横进一按人枪，阳反一托之也。

蛟龙出水者，虚点一枪，身伏若走，而起一托之也。势贵乎老。

大蟒摇头者，枪向其右一圈，一慌其神，中平一托之。

白猿献果者，人若托来，用势一软其手否，则用劈以划其面，皆从此势出也。

追地风者，用跟步，持枪追敌也以。

仙人指路者，举枪刺其目也。

三环套月者，用跟步，撰环一托之也。

鸡子挟胸者，身微闪，夺门以托之也。

横扫千军者，抱枪横走以刺之，复归正门以托之也。

死蛇塌地者，人刺我足，我以伏按其枪，而刺其阴也。

锁口者，人若托来，我左闪进步，刺其手也。

撩阴者，人若托来，我偷步往后一剁，撩其阴也。

走马回头者，虚引敌人，退二三步，忽定住而托之也。

抱琴者，人若中平托来，我微闪一抱，而刺其胸也。此是挨胁。

飞步倒走者，横往后跳，盖枪彼人，而托之此人也。

倒坐缠丝者，我思而入，随用缠拿而托之也。

金鸡点头者，左右虚点，以慌其神，待闪门而托之也。此各包七枪。

偷步脱壳者，人若托来我膝下，我以捎偷步进而托之也。

白蛇吐性（信）者，单手挺枪以托之也。

共计枪眼三十四（六）[一]重（种）[二]势者，不戴（怠）[三]学者，精神要坚，不可轻用。若见敌人，心不可虚。动可以随机而应变，岂有不百发百中乎。

或问：白猿入洞，以何破之？曰：以锁口。盖锁口者，仰我枪人横，我坚岂（持）[四]撑刀，一

〔一〕四，据文义，应为『六』字之误。

〔二〕重，据文义，当作『种』字。

〔三〕戴，据文义，应为『怠』字之误。

〔四〕岂，据文义，应为『持』字之误。

用即破之也矣。

或曰：大滚窝以何破之？曰：犀牛望月。盖此枪，底枪也。人躬（攻）〔一〕我右，我躬（攻）其左，则破矣。

或曰：怀中抱月以何破之？曰：我枪向其右一套，用白猿入洞破之。

或问：定南针以何破之？曰：我枪向门外一套，用白猿献果破之。

或问：黑虎坐洞以何破之？曰：不可轻进，盖此枪用以观我虚实也，可用金鸡点头以慌之，然后方可进也。

或问：小滚窝以何破之？宜用白云（猿）〔二〕归洞之一撩也。

或问：点地成金以何破之？用死蛇塌地也。

或问：金蝉脱壳以何破之？曰：用蛟龙出水也。

或问：猪龙阖地以何破之？曰：用金蝉脱壳也。

或问：仙人点额以何破之？曰：金鸡点头，一提也。

或问：败中取胜以何破之？曰：用悬风定住也。

或问：白蛇吐性（信）以何破之？曰：用顺风扫叶也。

〔一〕躬，据文义，应为『攻』字之误。后同。

〔二〕云，据文义，应为『猿』字之误。

或问：犀牛望月以何破之？曰：用横扫千军也。

或问：斜窥中原以何破之？曰：用神龙探爪也。

或问：金风补（扫）〔一〕地以何破之？曰：用锁口也。

或问：神龙探爪以何破之？曰：用抱琴也。

或问：大蟒摇头以何破之？曰：用金［鸡］〔二〕点头中势手。

或问：白猿献果以何破之？曰：用仙人点额。

或问：追地风以何破之？曰：用怀中抱月。

或问：三环套月以何破之？曰：用斜窥中原，[illegible]〔三〕用点额。

或问：仙人指路以何破之？曰：用点头中一驼。

或问：鸡子挟胸以何破之？曰：用锁口也。

或问：横扫千军以何破之？曰：用吐性（信）也。

或问：死蛇塌地以何破之？曰：用锁口也。

或问：撩阴以何破之？曰：用金蝉脱壳也。

〔一〕补，据文义，应为『扫』字之误。

〔二〕鸡，据文义所补。

〔三〕[illegible]，此字难以识别，待考。

或问：锁口以何破之？曰：用抱琴也。

或问：崩头枪以何破之？曰：用劈手也。

或问：旋风定住以何破之？曰：用蛟龙出水也。

或问：倒坐缠丝以何破之？曰：用定南针也。

以上破法无准，不必拘定架势。学者由此而入，心窍可开大半也。大略枪法之中，其妙处，在按法、缠拿法者居多。至于随驼法，非有好身法者不能。其余诸法，无宜藏划法在内，即能合宜。

二人托枪套上手

工（弓）[一]步站定里外拿，转还偷步里手托。分开工（弓）步劈手托，上步偷步里手托。

扯步硬扰骑马势，黑虎坐洞望里托。倒退一步里手托，工（弓）步站定顺枪托。

崩枪站定骑马势，铺腰偷步坐盘势。外上工（弓）步劈手托，进辽（撩）[二]偷步里手托。

倒退几步托枪扎，前上剪步赶步扎。黑虎坐洞朝外拿，倒退工（弓）步点肋扎。

阴阳倒退托步扎，前上四步上步扎。滚窝在身蛇入洞，死中播合（拨活）[三]转还扎。

〔一〕工，据文义，应为『弓』字之误。后同。

〔二〕辽，据文义，应为『撩』字之误。

〔三〕播合，据文义，应为『拨活』之误。

倒进四步定主位，倒上偷步撩阴托。败中取胜龙摆尾，正身里拿工（弓）步扎。

金鸡点头骑马势，补枪扯步点手扎。上步用枪坐盘势，开步里拿骑马势。

白猿入洞上步托，上步圈枪坐盘势。

外开工（弓）步播（拨）[一]手钊[二]，上步圈枪坐盘势，开步拿枪工（弓）步扎。

里拿沉步骑马势，黄龙战杆工（弓）步扎。转环托枪骑马势，工（弓）步顺枪猿入洞。

倒坐缠丝圈外拿，倒退工（弓）步点心扎。倒退工（弓）步底枪扎，倒退工（弓）步点胁扎。

倒退点地成金扎，翻江退步取膝扎。正身切步搭（搭）枪扎，进步外搭（搭）骑马势。

前进切步搭（搭）枪势，上步圈枪坐盘势。开步里拿骑马势，倒退一步点手扎。

白猿入洞上工（弓）步，里拿沉步龙站杆。扯步一点归正门，各样枪步得细法。

二端（段）[三]下手枪五十点

工（弓）步站定望（往）[四]里托，转环扎枪骑马势。二环工（弓）步望（往）里扎，外开工（弓）步方手钊。

〔一〕播，据文义，应为『拨』字之误。后同。
〔二〕钊，字义不明，待考。
〔三〕端，据文义，应为『段』字之误。
〔四〕望，据文义，当作『往』字。后同。

补拿上步补心扎，前进剪步猿入洞。后退剪步截手扎，黑虎坐洞外手拿。倒退工（弓）步点额扎，倒退工（弓）步定主势。播（拨）手胞（抱）[一]月骑马势，外开工（弓）步滚切扎。

乌龙翻江锁口扎，倒退工（弓）步分阴阳。前进剪步猿入洞，后退绕步点手扎。里拿工（弓）步猿入洞，里拿沉步帅枪扎。白猿入洞工（弓）步扎，倒退沉步龙站杆。斜步扑手中平扎，倒退骑马崩枪势。倒退点手骑马势，柔枪偷步顺枪扎。扯步拿枪骑马势，工（弓）步四平扑心扎。外拿沉步骑马势，偷步环转单手扎。工（弓）步扎枪里外拿，扯步坐盘望（往）里拿。上步偷步顺枪进，外上工（弓）步劈手扎。上步转环偷步刺，扯步里扣帅枪扎。上点转环工（弓）步扎，斜心偷步腰枪势。外上工（弓）步劈手扎，倒退崩枪骑马势。转环偷步顺枪势，扯步里拿骑马势。工（弓）步搭（搭）枪锁上扎，外上工（弓）步劈手扎。上步转环扑心扎，倒退一步单手扎。

二段上手枪五十点

工（弓）步探爪望（往）里扎，转环沉步搭（搭）枪势。二环工（弓）步望（往）里扎，黑虎坐洞外拿扎。

[一] 胞，据文义，应为『抱』字之误。

倒退骑马望（往）里拿，白猿入洞补心扎。倒退挠步扣手扎，倒退骑马崩马势。

倒退搅步指南扎，退步里拿骑马势。白猿入洞向里扎，崩枪沉步骑马势。

里拿外暂分阴阳，搭（搭）枪切步望（往）里扎。进步外搭（搭）骑马势，切步搭（搭）枪补心扎。

上步圈枪坐马势，开步一拿骑马势。倒退挠步点手扎，前进工（弓）步猿入洞。

倒退挠步播（拨）手扎，倒退工（弓）步补心扎。倒退扑步底枪扎，倒退工（弓）步猿入洞。

点地成金退步扎，翻江退步取胜走。望（往）里一拿骑马势，白猿入洞工（弓）步扎。

金鸡点头骑马势，扯步一点归正门。

八门奇枪，分手九枝子

八奇八正奇，中正中正奇。奇进锐，奇退速。群拦伏虎是奇枪。金童取水，和风摆柳。八步撩阴，挪扎（哪吒）〔一〕探海。乌龙摆尾，永措转环。十指川（穿）〔二〕袖。一节，二进，三拦，四缠，五拿，六真。用长归短上下遮，下不拦技手隐手。随手进，随进而退，随退而进，出其不〈不〉〔三〕[illegible]〔四〕，取其不避。一枪出实最为先，九枝分手，奇枪法也。

〔一〕挪扎，据文义，应为『哪吒』之误。
〔二〕川，据文义，当作『穿』字。
〔三〕不，据文义，应为衍文。
〔四〕出其不〈不〉[illegible]，据文义，应为『出其不意』。[illegible]，此字难以识别，但显然非『意』字，待考。

长兵短用法〔一〕

夫长兵必有短用之法。长枪架，手易老，若不知短用之法，一发不中，或众（中）〔二〕不在吃紧之处备他，他短兵一入，后退不及，便为长所语（误）〔三〕，即与手（赤）〔四〕手同矣。须是兼身步齐进。其单手一枪，此谓之『孤注』，是杨家枪之弊也，学者为所语（误）甚多。其短用法，须乎（手）〔五〕步合，二法不中。缓则用步法退出，急则用手法缩出枪杆，备（彼）〔六〕器不得交在我枪身内，备（彼）自不敢轻进。我手中枪，就退至一尺余，尚可战（戳）〔七〕人，与短兵功用同矣。若弓箭火器，皆长出（兵）〔八〕〔也〕〔九〕。力可至百步者，五十步而后发，力可至五十步者，二十五步而发，此亦长兵短用之法也。长则为（谓）〔一〇〕之势险，短则谓之势节短，万殊一理。

〔一〕此段『长兵短用法』，出自戚继光的纪效新书·长兵短用说篇。这里依据中华书局一九九六年出版的盛冬玲点校的纪效新书（以下简称盛冬铃点校本）对此段进行对校。

〔二〕众，盛冬铃点校本作『中』字，当是。

〔三〕语，盛冬铃点校本作『误』字，当是。后同。

〔四〕手，盛冬铃点校本作『赤』字，当是。

〔五〕乎，据文义，应为『手』字之误。

〔六〕备，盛冬铃点校本作『彼』字，当是。后同。

〔七〕战，盛冬铃点校本作『戳』字，当是。

〔八〕出，盛冬铃点校本作『兵』字，当是。

〔九〕也，据盛冬铃点校本所补。

〔一〇〕为，盛冬铃点校本作『谓』字，当是。

夫长枪之法，始于杨氏，谓之曰『梨花』，天下尚知（之）〔一〕。其妙在于熟之而巳（已）〔二〕。熟则心能忘，手之不能忘。枪圆神而不滞。又莫贵于静也，静则心不忘（妄）〔三〕动而处之裕如，变化莫测，神妙无穷，后世鲜尽得其妙者。盖有之矣，或秘而不传，或传之而失其真也。

二人托枪套

白猿入洞补心扎，我用滚窝圈外拿。　人换抱月刺我胁，我用献果将他扎。
彼用败中取胜走，我用地风赶着扎。　彼走势定用吐性（信），我用扫叶将枪扎。
人势一变用点额，我用偷步定南扎。　他身一伏底驼进，我身一倒圈外拿。
他用败中取胜走，我用旋风定住扎。　他趁此会枪一撒，我用吐性（信）将他扎。
他用顺风扫叶进，我枪一套点额扎。　他从门里锁口进，我用斜窥中原扎。
我枪一变探爪势，他用伏身点足扎。　他用脱壳将我破，我用点地成金扎。
他枪一卷坐步走，我用箭步势□〔四〕人。　他从里面入洞进，我式一变滚窝扎。
他身一闪进拘腕，我枪一撩撒肩扎。　他枪一划步后坐，我用地风赶着扎。

〔一〕知，盛冬铃点校本作『之』字，当是。
〔二〕巳，据文义，当作『已』字。
〔三〕忘，盛冬铃点校本作『妄』字，当是。
〔四〕□，此字难以识别，待考。

他身一闪进斜窥，我用蛟龙出水扎。二人坐步归正路，将枪[illegible][一]力式[illegible][二]人。

总要法

定势之地，死地以对势之地，绝地也。左右要分明白，上下前后要变化。开合闪绽者，错毫发之间，阴阳要看明，身形要活变。腰要直，腿要曲，手要快利。反正背侧，要分清楚。不招不架，只是一下；犯了招架，紧连十下。口要稳，脚要轻灵，两肱（肱）要展。每日清晨将气来往，泼和凝滞，日久自然工夫前进。倘若不和，日久自然成病也。

[一] [illegible]，此字难以识别，待考。

[二] [illegible]，此字难以识别，待考。

参术芎归汤〔一〕

人参〔二〕，白术〔三〕，川芎〔四〕，当归〔五〕，黄芪〔六〕，山药〔七〕，白芍药〔八〕，白茯苓〔九〕，升麻〔一〇〕，炙甘草〔一一〕。

〔一〕这部分内容涉及中医学及伤科药方，具体运用须参考医疗或运动损伤专业图书，校释仅对古籍原文进行整理，不涉及专业知识。
〔二〕人参，中药名，具有大补元气、复脉固脱、补脾益肺等功效。
〔三〕白术，中药名，具有健脾益气、燥湿利水、止汗及安胎等功效。
〔四〕川芎，中药名，具有活血行气、祛风止痛等功效。
〔五〕当归，中药名，具有补血活血、调经止痛及润肠通便等功效。
〔六〕黄芪，中药名，具有益气升阳、固表止汗、利水消肿等功效。
〔七〕山药，中药名，具有补脾、养肺、固肾、益精等功效。
〔八〕白芍药，即白芍，中药名，具有养血和营、缓急止痛及敛阴平肝等功效。
〔九〕白茯苓，疑为白土茯苓，中药名，具有清热解毒的功效。
〔一〇〕升麻，中药名，具有发表透疹、清热解毒、升举阳气等功效。
〔一一〕炙甘草，中药名，具有补脾和胃、益气复脉等功效。

名枪谱

提要

名枪谱，一册，抄本，连同扉页共三十四页，一九八六年的河南省武术征集活动『三献』申报表上注为清代抄本。此谱无具体抄录者姓名，一九八四年由河南省平顶山市的王高生捐献，现藏于中国武术研究院，院藏编号为G852.23-15。

此谱扉页左上题有『名枪谱』三字，右上方书『叁年戊午订』，下题『清润堂』字样。查清代皇帝年号及纪元，符合『叁年戊午』的有乾隆三年戊午（一七三八）、嘉庆三年戊午（一七九八）及咸丰八年戊午（一八五八）。故其『叁年戊午』，有可能是乾隆三年或嘉庆三年，也有可能为咸丰八年，然『清润堂』暂不可考。全书以楷书为主，抄写较工整，间有句读、有修改。

卷首共有捕地潜龙最为尊、当面劈挞（打）即如风、白云盖顶一阵风、二郎摘草便争功、关公便把颜良取、马上使剑快如风、打饿虎捕食、扎鹞子翻身、玉女穿梭、青龙摆头、猿猴开锁、乌龙展背、打秦王被（披）甲、扎张飞急三枪、起手枪破、身外右枪、坐枪所破、脚底股（鼓）枪、潜龙枪破、劈头棒打、还使棒破等二十一式目录，以上枪法在正文的『拦路枪法』『赵云胁战枪法』『枝子枪法』『枪法名枪架』中均有出现，但用法不同。由此，此谱大致分为两部分，一部分是拦路枪法、赵云胁战枪法、枝子枪法，均包含上述二十一式枪法；另一部分为枪法，即『二人对扎，一递一枪』，详细记录了二十一式枪法的身法要诀。此谱对研究枪法、打法具有一定的文献价值。

名枪谱影印

叄年戊午訂

清潤堂

名鎗譜

金 文滄

捕地潛龍最為尊
白雲蓋頂一陣風
關公便把顏良取
打餓虎捕食
玉女穿梭
猿猴開鎖
打秦王被甲
起手鎗破
坐鎗所破

當面劈扎撻即如風
二郎摘草便爭功
馬上便劍快如風
扎鵠子翻身
青龍擺頭
烏龍展背
扎張飛急三鎗
身外右鎗
腳底股鎗

潛龍鎗破　　劈頭棒打

還使棒破

攔路鎗法

第一潛龍最為尊。望面一鎗誰敢當。左右粘杆提手强。他扎我面。他（我）使合手關公刺顏良。他扎我膝。則使低摘韒合手扎足。他轉杆身外扎足。我使摟鎗捕地潛龍。他扎我面。我使白雲蓋頂扎他咽喉。他使伏身閃我身外、使顏良鎗扎我咽喉。我使懷中抱月打他前手。他落我身裏胸（扎）。我使白雲蓋頂扎他胸。他使二郎摘草。我上關公鎗扎耳。他使顏良鎗挒馬韒

劈打前手。我使蛇步帳中抱月披打前手。他又身從身裏扎
我咽喉。我使白雲蓋頂扎他向。他使二郎摘草扎我手。我使
梁鐙扎他咽喉。他使馬上使劍。我找虎捕食。他使高山淋
水。我也使高山淋水。他使猿猴開鎖。梁我手毛吏猿猴開鎖。
扎他脇。他使仙人鐵掃箒扎我手。我使玉女穿指穿衫。也扎
我肩。我扎他咽喉。他使滿天不漏雨大梁鐙架手扎脚。我使
二郎披華山扎他咽喉。他使拔步量天尺扎心。我使白蛇吐
信披前手扎心窩。他使鷂子翻身。我使玉女穿指來往走、仰
手合手扎虎口。他使青龍擺頭捌馬進扎前腿。我上猿猴開

鎖大聖入洞○他使梁鎗架手扎脇○我從身○他裏使小梁鎗扎
便○他使青龍大擺頭扎○我脇○我使靠山勢梁他手○他使鳥龍
展背扎膝○我使小梁鎗批住、撩他秦王被甲○他使顏良鎗扎
我咽喉○我使懷中抱月披他前手○他使張飛鎗扎我咽喉○我
使起手扎他咽喉○他扎我頂手○我使蛇步批他前手○他使玉
女脫裙○我使指手奪門○他使野雀串枝○扎足○我使靠山勢梁
他手○他從身裏扎我膝○我使底摘粉合手扎足○他使青龍擺
頭扎膝○我使猿猴開鎖扎他足○他使鳥龍展背扎我膝○我使
小梁鎗批住撩打秦王被甲○他使張飛鎗起馬進步○身外

類良鎗扎我咽喉○我使懷中抱月披他前手○他從身裏扎我肩○我使伏身抱月扎他咽喉○他從身外扎肘○我使秦王挎劍扎扎他咽喉○他從身裏扎心○我使小起手扎他心○他使身外右鎗○我使坐鎗所破○他又從身裏扎心○我使合手扎他胸○他從身外扎膝尖○我他使坐鎗所破他使腳底鼓鎗○我使滑龍鎗破○他使劈頭棒打○還使棒迎○

加四封四閉、提手奪門、穿指穿袖、攪手進步、制手棍、攪手棍、起手撩手轉手打手鎗扎虎口、隨中使中硬起手、青龍擺頭、劈手仙人使起鐵掃箸、拔步量天尺、二郎劈華山、

趙雲脇戰鎗法

一攔二披、三鈎四挑、五斬六合、七摟八閉、九瞞、十挎、一扎面、二扎耳、三扎足、四扎面、五扎肩、六扎心、七扎足、八扎面、九扎胴、十扎咽喉、

捕地潛龍最為尊、

我鎗一捕、他扎我心窩。他方抬手則。使底勢仰手扎小便。我鎗一捕、他鎗方起。則上右步、從他身外架肘扎脇。我鎗一捕、他扎我手。則使底勢、或從身裏身外撩打他前手。我鎗一捕、他從我身裏扎膝。則使底敗勢合手扎他足。我鎗一捕、他扎

我面。則使起勢從他身裏仰手發合手扎他胸。我鎗一捕他、扎我胸。則使起勢從他身裏合手扎心窩。

當面劈打即如鳳

我鎗一發、他鎗來的高。則使立勢合手從他鎗上扎胸。我鎗一發、他鎗來的平。則使中平勢合手從他杆上扎胸。我鎗一發、他扎我面、則使伏身從他手扎面。他即救、仍一謹穩扎他咽喉。我鎗一發、他扎我面、則使伏身閃他身外、架住他鎗扎胸。我鎗一發、他就打頭。則從他身裏使上下封打拿他手。

白雲蓋頂一陣風

我鎗一蹉他就合。則使探勢寸步。從他身外。或扎眼。或扎手。我鎗一蹉他就壓。則使高勢。從他身裏手上扎胸。我鎗一蹉他扎打我手。則使底勢。挪手、寸步、從他鎗下架肘扎脇。

二郎摘草使爭功

我鎗一合。他扎我面。則上右腿。使伏身從他手上扎面。或使立勢、合手、腿從他身外扎手。或使探勢、從他身裏打他的前手。我鎗一合。他扎我手。則使立勢、合手從他手上扎胸。我鎗一合。他扎我面。則使伏身仰手扎心窩。

関公使把顔良取

我鎗一發。他扎我面。則使低勢仰手扎他脇。他就打手。則使起勢合手從他身裏扎胸。我鎗一發。他扎我手。則上左腿。使立勢合手、從他身外、扎手。

馬上使劍快如風

我鎗一發。他抬高打手。則使退步夜勢仰手。從他鎗下扎胸。

我鎗一發。他合住打手。則使退步高勢。合手扎他腹。

打餓虎捕食

我鎗一打他方退步欲從身裏扎我手則使起勢合手從他上扎脇我鎗一打他扎我腿則使靠山潛龍勢扎他腹

鷄子翻身

我鎗一翻。他扎我手。則使中平勢、合手從他鎗下扎手。我鎗一翻。他扎我胸。則使硬中平勢。合手從他手上扎胸。

玉女穿梭

我鎗一發。他從身裏扎我手。則使中平勢、合手扎他胸。他若繞身外扎我手。則使立勢懸腿、合手從他手上扎胸。我鎗一發。他從身裏扎胸。則使中勢、仰手救。合手扎他胸。他若住鎗即走。則使底勢合手、扎他手。我鎗一發。他從我鎗上扎手。則使底勢仰手、從他裏自架住他鎗。扎心窩。我鎗一發。他合住

我鎗、或扎脇或扎腿○則左步從他身外使梁鎗扎腹○他若繞身裏○使鎗扎胸○則上右腿○從他身裏使梁鎗扎脇○

青龍擺頭

我鎗一擺○他使敗鎗滚手○從他肘下扎脇○我鎗一擺、他使梁鎗扎我脇○則上右步、從他身外使淺開鎖○我鎗一擺、他扎我腿○退則使敗鎗、從他前手繞過他身裏○牽起後手扎膝○

猿猴開鎖

我鎗一開、他從身外扎脇○則使探鞘現鎖打頭○我鎗一開、他從手上○扎胸○則使底鎗仰手、從他鎗下扎胸○我鎗一開他從身外肘下扎胸。則使仰手挑起他鎗。從他身裏手上扎胸。我一鎗一開。他從身外扎腿。則從手上撩起。上右步趕他鎗上扎面。

烏龍展背

我鎗一展。他從身裏撩手。則使靠山勢扎他小便。我鎗一展。他扎胸。或使低勢退步。從他手上扎胸。或轉後步。使中平勢合手從他手上扎胸。我鎗一展。他就撩起打頭。則使敗勢從他前手扎面。

烏龍展背

打秦王被甲

我鎗一打、他從前手扎面。則拨步使立勢打下。我鎗一打他合住扎面。則使低勢仰手退后腿。從他鎗下架住扎胸。

張飛急三鎗

我鎗一謝他就打頭則從他身裏使双被甲我鎗一合他就収則使伏身閃他身外扎肩我鎗一發他収住扎喉則使中平勢押住他鎗扎連三鎗我鎗一發他就収則使退步仰手扎脇

起手鎗破

我鎗一収。他就落鎗。則使探勢合手從他手上扎膊。我鎗一収。他就扎肩。則使低勢合手打他手。

身外右鎗

我鎗一發。他就扎肩。則使退勢仰手從他手下扎心窩。我鎗一發。他扎我手。則使敗勢滾手。從他鎗下扎膝。

坐鎗所破

我我鎗一坐。他就扎心窩。則上左腿。使靠山勢扎他腿。

脚底鼓鎗

我鎗一發。他就救。則提過他身外扎膝。他再救。則提過他身裹扎足。他若再救。則使探勢合手扎他手。他就合。則使寸步仰手從他手下扎脇。

潛龍鎗破

我鎗一靠他。鎗欲起。則使伏身從他身外挑起他鎗扎胸。我鎗一靠他。鎗一起他鎗扎手。則使勢起勢。從他身裹撩打他的前手。

劈頭棒打

我鎗一打。他就打頭。則使伏身從他身裹扎脛。他就鉤。則使立勢舉起鎗從他手上扎脇。我鎗一打、他鎗起的高。則吊右腿打下。

還使棒破

我鎗一起他下扎脛。則懸起前腿鈎開扎腿。

枝子鎗法

捕下潛龍是神鎗。潛龍鎗起放毫光。葉裏藏花人難見。降下鎗來虎口傷。合手凢作騰空起。指手掛面咽喉鎗。當面披打疾如風。攪手進步左右同。扎了左眼扎右眼。指手掛面落中平。出馬一鎗誰敢當。左右搼鎗任君防。起手立下太公勢。披打進步是無雙。二郎摘草勢如鳳。側身躲過便爭功。銅蛇入洞人不知。指手掛面硬中平。開公鎗披打進步。掩者死。抽者亡。攬手棒打。馬上使劍。掛開扎脇。掩者扎膝。摟者扎手。攬手捧打。鱖虎枝。先下掉。后下掉。背后闇上無名劍。老王倒坐脚麻鼓。鎗。潛龍鎗破。披頭棒打。還使棒破。鷂子枝。青龍出水不須浣。猛虎把山第二鎗。高山瀝水人難進。步步使鎗人怎當。回頭却似龍擺尾。偷脚攀步四平鎗。玉女認針。反硬者自戴架。玉女脱裙。反來制前手。掩者扎脚。搓者扎膝。身裏指手。身外坐鎗。青龍擺頭。扎前手。大梁鎗滿天不漏雨。青龍大擺頭。猿猴開鎖。入洞死。出洞亡。鵰虎撲翅。展翅。烏龍展背扎一点起手撩手扎夜裏偷桃。秦王披甲疾如風。攬手進步搶是空。
合手反作鎗扎乳。支手掛面硬中平。張飛急三鎗。扎左挎劍。
騎馬進步。二進鎗。支手掛面。起手不動扎咽喉。小梁鎗摟中
加点。倒外右鎗高羅拿。低羅雜。小四平鎗難驚架。攬坐鎗。手
挪打。反硬者自戴架。王女脱裙支手奪門。脚底鼓鎗。扎野雀
串枝。轉手打手。鎗扎虎口。潛龍鎗。起手撩手。見鎗還鎗。刷手
撩手。披手。頂手。支手。中平。

鎗法　名鎗架

鎗架、乃二人對扎、一進一鎗、極其嚴密、單扎似不好看、然而

無懈可擊，单能盤熟。則百法發百中。

第一潛龍最為尊

尊者為上之謂。数百神鎗俱從潛龍立基。此亦如大學一進首唱大學之道四字。三綱領。八條目皆包在內。故名為第一最是尊之鎗。其势鎗势前手要直。后手要曲。緊靠乳傍。古人云，前手執定莫要芒。后手只在脇邊藏。是也。前腿攧。后腿蹲。挨送前膝頭要直。面不邪視。眈看敵人印堂。審机变势。杆前低。后高。正對鼻尖。

捕下潛龍是神鎗

捕下潛龍是神鎗。降下來虎口偏。若逢合手須扎肚。粘杆左右提手強。扎膝還須扎虎口。彼若扎足我摟鎗。扎便必應指前手。人起我摟自周詳。

當面披打疾如風

彼此俱捕潛龍則頭下嚴密。無可着手。故用當面披打。非如此則不能挑動潛龍。但須少調步法。頭治乃嚴密如風言其快也。當面披劈打。反左右者。左右棒打。反右者。治手掛面扎咽喉。鎗高者夜裡偷桃。白蛇吐信。銅蛇入洞。孤樹盤根。

當面披打疾如風。反左反右棒不停。右扎手面咽喉連。

高用夜裡偷桃功。斬來使上蛇吐信。坐壓銅蛇又入洞。合手孤樹盤根節。摟扎懷內不留生。

白雲罩打一陣風

彼用面披、我亦調步。側身扎彼左眼。蓋我杆、黏彼前手。側身一送。則正扎彼眼。一陣風、則又快于一陣風矣。白雲罩鎗。繞手反左。我拜下扎咽喉。他開我鎗。我使穿指穿袖。他落鎗。我使退順水。他起我使進迎風。

二郎擔單便爭功

我扎彼左眼。彼把身微抽。前手執定。側手一領。單蓋我鎗望眼

一鎗。彼上未知我之軟硬。不敢徑進故以此試之。所謂張夫
子留鎗是也。
側身躲過。即如風。繞鎗即使懷内扎白鵝。捕翅心上鎗。他使
關公鎗硬扎我便。調后步即使馬上設劍。十二搖身匹身救
護。

二郎摘草便爭功。側身留住當來踪。繞手硬直扎前手。
卸步捕翅扎前手心胸。關公鎗起來扎腮。倒步馬上使青鋒。
十二搖身追兵退。匹身救護收全功。
關公便把顏良刺

彼留我鎗。則其身於手俱偏於右。閃出左空。我便繞閣鎗換右步在前。換住左腰。架起前手。懸后肘。捲后手。靠耳送鎗。以扎其腮。

出手仙人指路。合鎗者、使使閃公刺顏良。捕鎗者、起去撩手、落下鎗來使使左右棒打他。鎗來急、我使上后腿打他鐵餓虎捕食。仙人指路扎太陽。合手閃公刺顏良。抱來撩手他鎗落。〻下使使左右棒。他鎗來的、急、無躲閃。餓虎捕食急進孫、

馬上使劍急如風

我刺彼人之腮。彼回身拔左步。用倒騎龍勢。將我鎗植開彼

却扭回身、照我左腰一扎。
馬上使劍、繞鎗批心一鎗。反合鎗者、銅蛇入洞。他若打
來緊。我即進右腿。使左膀劍扎他心胸。反硬者、孰是白戴架。
架上鎗來一命傾。馬上使劍急如風。倒步扭身刺心中。合鎗
銅蛇入洞去。來急左膀劍扎胸。反硬孰是白戴架。〻來鎗下
一命傾。
馬上使劍倒騎龍。回身伏扎蛇入洞。棒打斬手咽喉。刺三轉
莫放鬆。

打餓虎捕食

彼扎我左腹。我落底勢進步。望前手一擊。反高使執手棍打落。反右掛開打頭。反左按鎗剃胸。他使餓虎捕食打手。我扎他肚。

餓虎捕食順勢科。反高執手棍打落。反右只用掛打頭。反左按鎗扎胸膊。他若捕食來打手。繞鎗壓住扎臍窩。

鷂子翻身

我落鎗治他手。他遂鎗把、向我鎗下一繞。翻起來治我前手。仰手、合手、必扎虎口。反彼者扎他胸膛。按鎗者、起去撩手。治下扎手。

玉女穿梭來往走○仰手合手扎虎口○敵人反背扎胯尖○
遇摟上撩○下扎手○若逢穿梭來的急餓虎捕食扎咽喉○

青龍擺頭疾如風

他卻把前手一擺○送后手扎我胯尖○順手扎打○轉手使坐鎗○
緊防靠山扎打○
青龍擺頭順手打○後手一送直扎胯○肖外鎗来轉使坐謹防
靠扎○撥回馬○

猿猴開鎖雙開鎖

我進右步高懸后手○仰靠右耳○左手執硬○半豎杆梢○貼住彼

之前手。送卻跟。搖不放鬆。此大梁鎗勢。下可扎足。中可扎便。上可扎乳。

起前手。仰後手。反高者。合手使。

猿猴開鎖大梁鎗。前手架起後手仰。反高須用合手使。更防敵人開鎗鎖梁。

烏龍展背更轉背

他勢急不能卻。即起杆。將我左肩連頭帶項往上一擊。此轉背也。

靠鎗扎小便。伏下側身扎喉。

烏龍展背靠扎便。伏下側身扎喉閉。合手繞鎗扎肩窩。抱来吐信在丹田。若逢閉鎖梁的緊。更有轉背打膀尖。連頭帶項打的快。過架調步滾扎咽。

秦王披甲變披甲

我斜架住他鎗。把前手一圈。要打他頭項。轉手使根稍棍。望面打兩臂膊。落下打手。要防底。他使秦王披甲打后手。我伏身隨肚一鎗。他即滚。我看住劈打頭。

秦王披甲。轉手使根稍棍。起打面劈。我只落、即打手。還要防備扎脚底。彼若披甲打后手。抽鎗伏身肚上趋。治手棍來難躲閃。看住披旁頭打他死。

桓侯急三鎗

他却用呂布倒托方天戟。勢架起鎗九滚手三扎咽喉。猛不可過。扎架只用一鎗足矣。連鎗。帶。棍。急。三。鎗。措手須用刷手當。合手鎗進只一留。直打前手莫輕放。

起手鎗破

找蹤把變手一抽。后手一仰。箱鎗鑽鎖。前手捲靠左肩。就把左肩向前一頂。正對他咽喉。此軟起手法也。又有硬起手使變合手法。蓋彼鎗來急太猛。軟。起手恐遭其毒。須硬治之。又有小起手。乃仰前手法。

連鎗帶棍揩手不及。他収起。手。我抽鎗扎他胸。他扎我臁。収硬起手。他扎外。我使秦王搭劍。他扎底。我使小起手仰之。他扎裡。我使餓虎捕食。連鎗帶棍。揩。手。難。彼収起手硬扎咽。抽鎗扎胸不須遲。胸鎗収硬起手還。扎外秦王膀劍。治。扎底小起手頤覈。扎裡餓虎捕食去。翻身仍照虎口穿。

身外右鎗

他頤上不得。須要頤下。抽鎗扎我膝。

身外右救起手。劈心鎗來須掇肘。他一縮手內扎眼。壓下閃外硬推手。

坐鎗又破

我送將身一蹲。望前手一擊。送扎他咽。

他扎身外。我劈心一鎗。

坐鎗只破身外鎗。捨了前手扎胸堂。合手扎内我扎外。坐鎗扎膝不慌亡。

脚底鼓鎗

他即覷定。我足下一点。

脚底鼓鎗如点鼓。摟來鎗起手上舞。合手反烞左穿針衲。斬手反左后手取。正身救護須緊跟。見鎗还鎗法如譜。

潛龍鎗破

我送把左脚一点。擷、以捕下潛龍破之。

潛龍鎗破須蹲身。起鎗先向懷内尋。身裡掉來身外扎。坐鎗銅蛇入洞乘逐。

劈頭棒打

我顧嚴、密。他反杆上劈。

劈頭棒打是上着。反高降下扎心窩。合手海底撈明月。摟采取手定不錯。治手掛面咽喉刺敵人一命見閻羅。

名枪谱校释

名枪谱

三年戊午订 清润堂

捕地潜龙最为尊　当面劈挞（打）〔一〕即如风　白云盖顶一阵风

二郎摘草便争功　关公便把颜良取　马上使剑快如风

打饿虎捕食　扎鹞子翻身　玉女穿梭

青龙摆头　猿猴开锁　乌龙展背

打秦王被（披）〔二〕甲　扎张飞急三枪　起手枪破

身外右枪　坐枪所破　脚底股（鼓）〔三〕枪

潜龙枪破　劈头棒打　还使棒破

〔一〕挞，据文义，当作『打』字。

〔二〕被，据文义，当作『披』字。后同。

〔三〕此处『股』字，后文为『鼓』字，据文义，此处应为『鼓』字之误。

拦路枪法

第一潜龙最为尊，望面一枪谁敢当，左右粘杆提手强。

他扎我面，我使合手关公刺颜良。他扎我膝，则使低摘势，合手扎足。

他转杆身外扎足，我使搂枪捕地潜龙。他扎我面，我使白云盖顶扎他咽喉。

他使伏身闪我身外，使颜良枪扎我咽喉，我使怀中抱月打他前手。

他落我身里扎胸，我使白云盖顶扎他胸。他使二郎摘草，我上关公枪扎耳。

他使颜良枪挒马势劈打前手，我使蛇步怀中抱月披（劈）[一]打前手。

他又从身里扎我咽喉，我使白云盖顶扎他胸。他使二郎摘草扎我手，我使梁枪扎他咽喉。

他使马上使剑，我□□（打饿）[二]虎捕食。他使高山淋水，我也使高山淋水。

他使猿猴开锁梁我手，我使猿猴开锁扎他胁。

他使仙人铁扫箸（帚）[三]扎我手，我使玉女穿指穿□（袖）[四]。他扎我肩，我扎他咽喉。

他使满天不漏雨大梁枪架手扎脟（肋）[五]，我使二郎披（劈）华山扎他咽喉。

〔一〕披，据文义，应为『劈』字之误。后同。

〔二〕原文字迹模糊，据前文，此处应为『打饿』二字。

〔三〕箸，据文义，应为『帚』字之误。后同。

〔四〕原文字迹模糊，据后文，此处应为『袖』字。

〔五〕原文为『脟』，据文义，疑为『肋』字之误。后同。

他使拔步量天尺扎心，我使白蛇吐信披（劈）前手扎心窝。

他使鹞子翻身，我使玉女穿指来往走，仰手合手扎虎口。

他使青龙摆头捌马进扎前腿，我上猿猴开锁大圣入洞。

他使梁枪架手扎胁，我从他身里使小梁枪扎便。他使青龙大摆头扎我胁，我使靠山势梁他手。

他使乌龙展背扎膝，我使小梁枪批（劈）〔一〕住，撩他秦王被（披）甲。

他使颜良枪扎我咽喉，我使怀中抱月披（劈）他前手。他使张飞枪扎我咽喉，我使起手扎他咽喉。

他扎我顶手，我使蛇步批（劈）他前手。他使玉女脱裙，我使指手夺门。

他使野雀串枝扎足，我使靠山势梁他手。他从身里扎我膝，我使底摘势合手扎足。

他使青龙摆头扎膝，我使猿猴开锁扎他足。

他使乌龙展背扎我膝，我使小梁枪批（劈）住，撩打秦王被（披）甲。

他使张飞枪起马进步，身外颜良枪扎我咽喉，我使怀中抱月披（劈）他前手。

他从身里扎我肩，我使伏身抱月扎他咽喉。他从身外扎肘，我使秦王挎剑扎他咽喉。

他从身里扎心，我使小起手扎他心。他使身外右枪，我使坐枪所破。

他又从身里扎心，我使合手扎他胸。他从身外扎胯尖，我使坐枪所破。

他使脚底鼓枪，我使潜龙枪破。他使劈头棒打，还使棒迎。

〔一〕批，据文义，应为『劈』字之误。后同。

加四封四闭，提手夺门，穿指穿袖，揽手进步，制手棍，揽手棍，起手，撩手，转手，打手，枪扎虎口，随中、使中、硬起手，青龙摆头，劈手，仙人使起铁扫箸（帚），拔步量天尺，二郎劈华山。

赵云胁战枪法

一扎〔一〕，二披（劈），三钩，四挑，五斩，六合，七搂，八闭，九瞒，十挎。一扎面，二扎耳，三扎足，四扎面，五扎肩，六扎心，七扎足，八扎面，九扎脟（肋），十扎咽喉。

捕地潜龙最为尊

我枪一捕，他扎我心窝，他方抬手，则使底势仰手扎小便。

我枪一捕，他枪方起，则上右步从他身外架肘扎胁。

我枪一捕，他扎我手，则使底势，或从身里身外撩打他前手。

我枪一捕，他从我身里扎膝，则使底败势合手扎他足。

我枪一捕，他扎我面，则使起势从他身里仰手发合手扎他胸。

我枪一捕，他扎我胸，则使起势从他身里合手扎心窝。

当面劈打即如风

我枪一发，他枪来的高，则使立势合手从他枪上扎胸。

〔一〕原写作『掉』字，涂改为『扎』字。

我枪一发，他枪来的平，则使中平势合手从他杆上扎胸。

我枪一发，他扎我面，则使伏身从他手扎面，他即救，仍一谨稳扎他咽喉。

我枪一发，他扎我面，则使伏身闪他身外，架住他枪扎胸。

我枪一发，他就打头，则从他身里使上下封打他手。

白云盖顶一阵风

我枪一发，他就合，则使探势寸步，从他身外或扎眼，或扎手。

我枪一发，他就压，则使高势，从他身里手上扎胸。

我枪一发，他打我手，则使底势，挪手寸步，从他枪下架肘扎胁。

二郎摘草便争功

我枪一合，他扎我面，则上右腿，使伏身从他手上扎面；或使立势合手悬腿，从他身外扎手；或使探势，从他身里打他的前手。

我枪一合，他扎我手，则使立势合手从他手上扎胸。

我枪一合，他扎我面，则使伏身仰手扎心窝。

关公便把颜良取

我枪一发，他扎我面，则使低势仰手扎他胁；他就打手，则使起势合手从他身里扎胸。

我枪一发，他扎我手，则上左腿，使立势合手从他身外扎手。

马上使剑快如风

我枪一发，他抬高打手，则使退步底势，仰手从他枪下扎胸。

我枪一发，他合住打手，则使退步高势，合手扎他腹。

打饿虎捕食

我枪一打，他方退步，欲从身里扎我手，则使起势合手从他□（枪）〔一〕上扎胁。

我枪一打，他扎我腿，则使靠山潜龙势扎他腹。

鹞子翻身

我枪一翻，他扎我手，则使中平势合手从他枪下扎手。

我枪一翻，他扎我胸，则使硬中平势合手从他手上扎胸。

玉女穿梭

我枪一发，他从身里扎我手，则使中平势合手扎他胸；他若绕身外扎我手，则使立势悬腿，合手从他手上扎胸。

我枪一发，他从身里扎胸，则使中势仰手救，合手扎他胸；他若住枪即走，则使底势合手扎他手。

我枪一发，他从我枪上扎手，则使底势仰手，从他身里架住他枪，扎心窝。

我枪一发，他合住我枪，或扎胁，或扎腿，则左步从他身外使梁枪扎腹；他若绕身里使枪扎胸，

〔一〕原文字迹模糊，据上下文，此处应为『枪』字。

则上右腿，从他身里使梁枪扎胁。

青龙摆头

我枪一摆，他使败势滚手，从他肘下扎胁。

我枪一摆，他使梁枪扎我胁，则上右步，从他身外使双开锁。

我枪一摆，他扎我腿，则使败势从他前手绕过他身里，举起后手扎膝。

猿猴开锁

我枪一开，他从身外扎胁，则使探势现锁打头。

我枪一开，他从手上扎胸，则使底势仰手从他枪下扎胸。

我枪一开，他从身外肘下扎胸，则使仰手挑起他枪，从他身里手上扎胸。

我枪一开，他从身外扎腿，则从手上撩起，上右步由他枪上扎面。

乌龙展背

我枪一展，他从身里撩手，则使靠山势扎他小便。

我枪一展，他扎胸，或使低势退步，从他手上扎胸，或转后步使中平势合手从他手上扎胸。

我枪一展，他就撩起打头，则使败势从他前手扎面。

打秦王被（披）甲

我枪一打，他从前手扎面，则拔步使立势打下。

我枪一打，他合住扎面，则使低势仰手退后腿，从他枪下架住扎胸。

张飞急三枪

我枪一谢（卸）〔一〕，他就打头，则从他身里使双被（披）甲。

我枪一合，他就收，则使伏身闪他身外扎肩。

我枪一发，他收住扎喉，则使中平势押住他枪扎，连三枪。

我枪一发，他就收，则使退步仰手扎胁。

起手枪破

我枪一收，他就落枪，则使探势合手从他手上扎胁。

我枪一收，他就扎肩，则使低势合手打他手。

身外右枪

我枪一发，他就扎肩，则使退势仰手，从他手下扎心窝。

我枪一发，他扎我手，则使败势滚手，从他枪下扎膝。

坐枪所破

我枪一坐，他就扎心窝，则上左腿，使靠山势扎他腿。

〔一〕谢，据文义，疑为『卸』字之误。

脚底鼓枪

我枪一发，他就救，则提过他身外扎膝；他再救，则提过他身里扎足；他若再救，则使探势合手扎他手；他就合，则使寸步仰手从他手下扎胁。

潜龙枪破

我枪一靠，他枪欲起，则使伏身从他身外挑起他枪扎胸。

我枪一靠，他枪一起扎手，则使起势，从他身里撩打他的前手。

劈头棒打

我枪一打，他就打头，则使伏身从他身里扎胫；他就钩，则使立势举起枪从他手上扎胁。

我枪一打，他枪起的（得）[一]高，则吊后腿打下。

还使棒破

我枪一起，他下扎胫，则悬起前腿，钩开扎腿。

杖子枪法

捕下潜龙是神枪，潜龙枪起放毫光。叶里藏花人难见，降下枪来虎口伤。

合手凡作腾空起，指手挂面咽喉枪。当面披（劈）打疾如风，搅手进步左右同。

[一] 的，据文义，当作『得』字。后同。

扎了左眼扎右眼，指手挂面落中平。出马一枪谁敢当，左右卷枪任君防。起手立下太公势，披（劈）打进步是无双。二郎摘草势如风，侧身躲过便争功。铜蛇入洞人不知，指手挂面硬中平。

关公枪披（劈）打进步，掩者死，抽者亡，揽手棒打，马上使剑，挂开扎胁，掩者扎膝，搂者扎手，揽手棒打，饿虎枝，先下掉，后下掉；背后暗上无名剑，老王倒坐，脚底鼓枪，潜龙枪破，披（劈）头棒打，还使棒破，鹞子枝。

青龙出水不须茫（忙）〔一〕，猛虎把山第二枪。高山沥水人难进，步步使枪人怎当。回头却似龙摆尾，偷脚犖步四平枪。

玉女认（纫）〔二〕针，反硬者自戴架；玉女脱裙，反来制前手；掩者扎脚，搂者扎胯；身里指手，身外坐枪。

青龙摆头扎前手，大梁枪满天不漏雨；青龙大摆头，猿猴开锁；入洞死，出洞亡；[illegible]〔三〕虎扑翅，展翅，乌龙展背，扎一点油；起手撩手扎，夜里偷桃。

秦王被（披）甲疾如风，揽手进步总是空。合手反作枪扎乳，支手挂面硬中平。

〔一〕茫，据文义，疑为『忙』字之误。
〔二〕认，据文义，应为『纫』字之误。
〔三〕[illegible]，此字难以识别，待考。

张飞急三枪，扎左挎剑，骑马进步；二进枪，支手挂面。起手不动扎咽喉，小梁枪搂中加点。

身外右枪高者拿，低者杂；小四平枪难惊架。

揽坐枪手掷（搒）〔一〕打，反硬者自戴架。王（玉）〔二〕女脱裙支手夺门，脚底鼓枪；扎野雀串枝，转手打手；枪扎虎口，潜龙枪；起手撩手，见枪还枪。

刷手，撩手，披（劈）手，顶手，支手，中平。

枪法 名枪架

枪架，乃二人对扎，一递一枪，极其严密。单扎似不好看，然而无懈可击，单能盘熟，则百发百中。

第一 潜龙最为尊

尊者为『上』之谓，数百神枪俱从潜龙立基。此亦如大学一进，首唱『大学之道』四字。三纲领、八条目皆包在内，故名为第一最尊之枪。其枪势，前手要直，后手要曲，紧靠乳傍。古人云：『前手执定莫要芒（忙）〔三〕，后手只在胁边藏』是也。前腿攧〔四〕，后腿蹲，挨送前膝；头要直，面不邪（斜）〔五〕

〔一〕掷，据文义，当作『搒』字。

〔二〕王，据文义，应为『玉』字之误。

〔三〕芒，据文义，应为『忙』字之误。

〔四〕攧，跌，摔；顿脚。

〔五〕邪，据文义，当作『斜』字。

视，眈看敌人印堂；审机变势，杆前低后高，正对鼻尖。

捕下潜龙是神枪

捕下潜龙是神枪，降下来虎口伤。〔一〕若逢合手须扎肚，粘杆左右提手强。扎膝还须扎虎口，彼若扎足我搂枪。扎便必应指前手，人起我搂自周详。

当面披（劈）打疾如风

彼此俱捕潜龙，则顾下严密，无可着手，故用当面披（劈）打。非如此，则不能挑动潜龙，但须少调步法。顾治乃严密如风，言其快也，当面劈打。反左右者，左右棒打；反右者，治手挂面扎咽喉。枪高者，夜里偷桃，白蛇吐信，铜蛇入洞，孤树盘根。

当面披（劈）打疾如风，反左反右棒不停。右扎手面咽喉连，高用夜里偷桃功。斩来使上蛇吐信，坐压铜蛇又入洞。合手孤树盘根节，搂扎怀内不留生。

白云单打一阵风

彼用面披（劈），我亦调步。侧身扎彼左眼，盖我杆紧粘彼前手，侧身一送，则正扎彼眼，一阵风则又快于一阵风矣。白云留枪，绕手反左，我揖（㧚）〔二〕下扎咽喉。他开我枪，我使穿指穿袖；他落枪，我使双顺水；他起，我使双迎风。

〔一〕据文中句式，『降下来虎口伤』当少一字。

〔二〕揖，据文义，当作『㧚』字。

二郎摘草便争功

我扎彼左眼，彼把身微抽，前手执定，侧手一领，盖我枪望眼一枪。彼上（尚）〔一〕未知我之软硬，不敢径进，故以此试之，所谓张夫子留枪是也。

侧身躲过即（疾）〔二〕如风，绕枪即使怀内扎。白鹅捕翅心上枪，他使关公枪硬扎我便，调后步即使马上设剑，十二摇身匹身救护。

二郎摘草便争功，侧身留住审来踪。绕手硬直扎前手，卸步捕翅扎心胸。关公枪起来扎腮，倒步马上使青锋。十二摇身追兵退，匹身救护收全功。

关公便把颜良剌（刺）〔三〕

彼留我枪，则其身于手俱偏于右，闪出左空，我便绕圈枪，换右步在前，换住左腰，架起前手，悬后肘，卷后手，靠耳送枪，以扎其腮。

出手仙人指路，合枪者便使关公剌（刺）颜良；捕枪者起去撩手，落下枪来便使左右棒打；他枪来急，我使上后腿打他饿虎捕食。仙人指路扎太阳，合手关公剌（刺）颜良。把来撩手他枪落，落下便使左右棒。他枪来的（得）急，无躲闪，饿虎捕食急进强。

〔一〕上，古文中通『尚』字。

〔二〕即，据文义，似为『疾』字之误。

〔三〕剌，据文义，应为『刺』字之误。后同。

马上使剑急如风

我刺（刺）彼人之腮，彼回身拔左步，用倒骑龙势[一]，将我枪挡开，彼却扭回身照我左腹一扎。马上使剑，绕枪批（劈）心一枪。反合枪者，铜蛇入洞，他若打来紧，我即进右腿，使左胯（挎）[二]剑扎他心胸；反硬者，孰是自戴架，架上枪来一命倾。马上使剑急如风，倒步扭身刺（刺）心中。合枪铜蛇入洞去，来急左胯（挎）剑扎胸。反硬孰是自戴架，架来枪下一命倾。

马上使剑倒骑龙，回身伏扎蛇入洞。棒打斩手咽喉刺（刺），三转莫放松。

打饿虎捕食

彼扎我左腹，我落底势进步，望前手一击，反高使执手棍打落，反右挂开打头，反左按枪刺（刺）胸；他使饿虎捕食打手，我扎他肚。

饿虎捕食顺势斜，反高执手棍打落。反右只用挂打头，反左按枪扎胸膊。他若捕食来打手，绕枪压住扎脐窝。

鹞子翻身

我落枪治他手，他遂枪把向我枪下一绕，翻起来治我前手。仰手、合手，必扎虎口。反彼者扎他胸胯，搂枪者起去撩手，治下扎手。

〔一〕此处旁有『十二』二字，不知其意。

〔二〕胯，据文义，应为『挎』字之误。后同。

［玉女穿梭］〔一〕

玉女穿梭来往走，仰手合手扎虎口。敌人反背扎胯尖，遇搂上撩下扎手。若逢穿梭来的（得）急，饿虎捕食扎咽喉。

青龙摆头疾如风

他却把前手一摆，送后手扎我胯尖，顺手扎打，转手使坐枪，紧防靠扎打。

青龙摆头顺手打，后手一送直扎胯。身外枪来转使坐，谨防靠扎拨回马。

猿猴开锁双开锁

我进右步，高悬后手，仰靠右耳，左手执硬，半竖杆稍（梢）〔二〕，贴住彼之前手，送卸跟，总不放松。此大梁枪势，下可扎足，中可扎便，上可扎乳。

起前手，仰后手，反高者，合手使。

猿猴开锁大梁枪，前手架起后手仰。反高须用合手使，更防敌人开锁梁。

乌龙展背更转背

他势急不能卸，即起杆，将我左肩连头带项往上一击，此转背也。靠枪扎小便，伏下侧身扎喉。

乌龙展背靠扎便，伏下侧身扎喉间。合手绕枪扎肩窝，抱来吐信在丹田。

〔一〕玉女穿梭，据上下文格式所补。

〔二〕稍，据文义，当作『梢』字。后同。

若逢开锁梁的（得）紧，更有转背打膀尖。连头带项打的（得）快，遇架调步滚扎咽。

秦王披甲双披甲

我斜架住他枪，把前手一罨〔一〕，要打他头项，转手使根稍（梢）棍，望面打两臂膊，落下打手，要防底。他使秦王披甲打后手，我伏身随肚一枪；他即滚，我看住劈打头。

秦王披甲，转手使根稍（梢）棍，起打面劈，我只落，即打手，还要防备扎脚底。彼若披甲打后手，抽枪伏身肚上趋。治手棍来难躲闪，看住劈头打他死。

桓侯〔二〕急三枪

他却用吕布倒托方天戟势，架起枪九滚手三扎咽喉，猛不可过，扎架只用一枪足矣。连枪带棍急三枪，措手须用刷手当。合手枪进只一留，直打前手莫轻放。

起手枪破

我遂把双手一抽，后手一仰，拍枪钻锁，前手卷靠左肩。就把左肩向前一顶，正对他咽喉，此软起手法也。又有硬起手，使双合手法。盖彼枪来急太猛，软起手恐遭其毒，须硬治之。又有小起手，乃仰前手法。

〔一〕段玉裁注：『罨，覆也。』又指『网』，据文义，此处应为掩盖、覆盖之意。（汉语大字典编辑委员会编纂《汉语大字典》：九卷本，崇文书局，二〇一〇，第三一一五页。）

〔二〕桓侯，指张飞。

连枪带棍，措手不及。他收起手，我抽枪扎他胸；他扎我胸，收硬起手；他扎外，我使秦王挎剑；他扎底，我使小起手仰之；他扎里，我使饿虎捕食。

连枪带棍措手难，彼收起手硬扎咽。抽枪扎胸不须迟，胸枪收硬起手还。扎外秦王胯（挎）剑治，扎底小起手头严。扎里饿虎捕食去，翻身仍照虎口穿。

身外右枪

他顾上不得，须要顾下，抽枪扎我胯。

身外右救起手，劈心枪来须掇肘，他一缩手内扎眼，压下闪外硬推手。

坐枪又破

我送将身一蹲，望前手一击，送扎他咽。他扎身外，我劈心一枪。

坐枪只破身外枪，治了前手扎胸堂（膛）〔一〕。合手扎内我扎外，坐枪扎膝不慌亡（忙）〔二〕。

脚底鼓枪

他即觑定，我足下一点。脚底鼓枪如点鼓，搂来枪起手上舞。

合手反左穿针袖，斩手反左后手取。匹身救护须紧跟，见枪还枪法如谱。

〔一〕堂，据文义，应为『膛』字之误。

〔二〕亡，据文义，应为『忙』字之误。

潜龙枪破

我送把左脚一点，撷以捕下潜龙破之。潜龙枪破须蹲身，起枪先向怀内寻。身里掉来身外扎，坐枪铜蛇入洞迓〔一〕。

劈头棒打

我顾严密，他反杆上劈。劈头棒打是上着，反高降下扎心窝。合手海底捞明月，搂来取手定不错。治手挂面咽喉刺（刺），敌人一命见闫（阎）〔二〕罗。

〔一〕原写作『来』字，涂改为『迓』字。迓，迎接之意。
〔二〕闫，据文义，当作『阎』字。

奇枪谱

提要

奇枪谱，一册，抄本，无版框，亦无抄录者姓名。其封页右上角书有『癸酉年』三字，河北省武术征集活动『三献』实物鉴定、评选、审报表的『评审意见』据此认定此谱的时间为『清代同治十二年』。然值得注意的是，文中多处地方的『擰』和『寧』出现缺笔现象，这当与避道光帝旻宁的帝讳有关，有的『擰』字则完整无缺。依此，认为此谱抄写于同治『癸酉年』并非没有根据。奇枪谱于一九八四年五月由河北省唐山市丰润区南台村的王永天捐献，现藏于中国武术研究院，院藏编号为G852.23-17。

此谱内容除开始的『原引』外，主要记述了四路奇枪的技法与动作名。奇枪头路有九势，即仙人摘盔、孤雁落少（沙）滩、推窗望月、天边摘月、猿猴盗锁、相（湘）子挎花篮、鲤鱼摆尾、灵猫扑鼠、夜乂（叉）探海；奇枪二路有九势，即云里藏身、脱身换骨、野马分鬃、高山点灯、胯（挎）剑、乌牛转角、抽里褪花、躲门枪、燕子超水；奇枪三路有八势，即黑鹞入林、遮避、枪背、托塔、青龙探爪、风穿林、猿猴进桃、乌鸦晒翎；奇枪四路有九势，即海底捞月、枯树盘根、黑风入洞、死蛇翻身、单手摘印、摆旗、仙人撕袍、青龙摆尾、夜捧手。

遗憾的是，由于年代久远且所记内容粗陋，以及其中夹杂了不少方言俗字，故谱中多处内容较难理解。

奇枪谱影印

癸酉年　廣域記

奇鎗普

原引

弟子魏忠田 錄

四路奇膽道仙傳 弟子郭大江 武 從

男女愚齊言良言 弟子王兆雲 的 弟

弟子郭大司 佛 子

流到昔日保明主 弟子曾 蘭亭

弟子郭大臣 弟

到在世間萬古傳 弟子郭大義 子

弟子郭大如

奇鎗俱用
天干地支
此鎗之法
不可輕傳

奇鎗四路

頭路

上臉照天庭扎

名爲仙人摘盔

把用中阴中阳

步用

左脚尖点地

師父領進門

學藝在個人

下聆形　訣

左腿舒直

右腿弓起

把用中阴中阳

點左海底穴扎

名爲孤雁落沙灘

上鈴照肩項孔
身合把蒯
把用蒯把
合胯
名爲推窗望月

下腰起

把用抖把

照左目扎

名為天邊摘月

上鉈

把用正把

抽身

箭步而走

下勢
照面一鉈
上鉈疊步
藏身
把用中陰
中陽
照左海底穴扎
名為猿猴盜鎖

下鉈卸步

𦢊流叉步勢

蒯肘

把用正把

照膀肩孔

名為相手跨花籃

上鎗起
切身
把用合把
走裡
扎外左脇
名為鯉魚擺尾

下舵搵把

抽身 而

箭步而去

上鍤承

蹬面一鉈

下鉈矮身進步

氣

把用老氣

蹬左脚扎

名為灵猫撲鼠

上鉈將左脚一抬
探身
把用棒把
照左肩后窩扎
名為夜叉探海

下鎗把用

正把

槳左手崩出

上鉈抽鉈
把用中々亂中々亂
箭步而走
頸路已完

奇腳二路
下腳趕来
照心口扎
把用中門阳
上腳轉身
上步
照左[illegible]扎

胯肘

手交叉

把用老阴阳

步用

騎馬勢

名爲雲裡藏身

下鉈落身

椿左腿

跪右腿

把用胯把

右手護左膝

斝心扎

名為脫身換骨

上鐙騰身

上步

合把老鼠（鼠）

貽肩竄扎

名為野馬分鬃

下脫身起
上左腿
落身
左腿撟起
右腿跪下
右手護左脇
把用蒯把
蹬卸[illegible]穴扎

名爲兩山點燈

上鎗合身

把用領把

固住

下鎗独身

箭步而走

上鈴趕來
照心窩扎
把用中 陰 阳
下跪叉步
合胯寧把
左手鑽右手擰
照胸扎名為胯劍

上鑽擰身
吊把
把用外阴 外中阳
點左脇扎
名為烏牛轉身

下跎弓身
卸左步
上右步
把用中阴阳
合把護右脚面
與小腹左边扎
名為抽裡裩花

上鉈抽鉈
轉身
拖左腿
箭步而走

下鈀赶来

照面一鈀

上鈀將右手抽落固住

下鈀右腿级步

並足

把用中阴阳照鳩尾穴扎

名、曰縣門鈀

上風切身騰步
左手沉
右手起
把用中陰陽
照合骨穴扎
名為燕子超水

下跪叉步
合身
把用老阴阳
箭步而走
二路已完
三冬

上鈴起來

照面一擺

下鈴左把落

右把起

把用中阴阳

固住

上鈴轉身

上右步舒直

右腿蹬腿

把用老陰老陽手腕交叉

照左轉扎

名爲黑鷄入林

下臉卸右步
上右步伏身
弓左腿
舒右腿
把用老阴老阳手腕交叉
照右髆窩孔　名為遮避

上鎗卸右步

上左步

伏身

把用老阴阳

照左轉僞扎

名爲鎗背

下胯卸右步

縮身

上左步

把用正把

照左脇孔

名為托塔

上艙卸左步
上右步
右手送出
照左脇孔
名為青龍探爪

下鎗抬左腿
将鎗摇出
箭步而走

上鐙敗身

右手抬

左手落

把用前把

固住

箭步而走

下鎗赶来
照左脇托扎
把用中阴阳
名為風穿林

上鎗趕來

四平鎗

扎去

下脸錯步

把用中阴阳

照裡穿指扎

上鎗近步
端鎗
扎保壽關
名為猿猴進桃

下勢卸左步

橫身

左腿橋

右腿蹬

右手單叉

照腰扎

破猿猴進飛
名為烏鴉晒翅
上踚將踚撐出
箭步而走
三路以完

奇險回路

下腿起來

騎馬勢

把用中 阴 阳

揹舵

照膝扎

為海底撈月

上殿偷右步

坐盤勢

撑右把

把 用冲阴阳

怎轉窩孔

名為枯樹盤根

下鏟卸右步
如敗勢　下身
提右手
沉左手
把用中阴阳
照髆亂
名為黑風八洞

上臉上左步

提右手
攬把

把用
他把

照左腳

外踝骨扎

名為死蛇翻身

下腰起身

抬左腿腿

撑把

提出

箭步而走

上鎗赶来

四平鎗去發

下鎗錯步

照手扎去

上歇步用

騎馬勢

伏身
左手少陰把
照心孔
名爲單手犒印

下鎗上右步

伏身

把用合把

照心扎

名爲擺旗

上鎗合身

抽鎗

箭步而走

下鈐趕来
上鈐四平鎗出
把用中阴中阳
照左腹扎
下鈐落身
吊把老阴阳

照胯尖扎
名為仙人撕袍

上鎗擺鎗
名為青龍擺尾
抽餘鉈
切身
搖把
固住

下膾擺鉈
照胸扎
把用老陰老陽
陰轉陽把

上鎗毀步
横身
捧把照咽喉扎
名為夜捧手
下鈐敗勢抽鈐
箭步而下拔開
四路已完

奇枪谱校释

奇枪谱

癸酉年　广域记

原引

四路奇枪道仙传，男女愚齐进良言。流到昔日保明主，到在世间万古传。〔一〕

奇枪俱用，天干地支。此枪之法，不可轻传。

奇枪四路【师父领进门，学益（艺）〔二〕在个人】

〔奇枪〕〔三〕头路

上枪照天庭扎，名为『仙人摘盔』。把用中阴中阳，步用左脚尖点地。

〔一〕原文下方有弟子姓名若干，具体如下：弟子魏忠田，弟子郭大江，弟子王兆云，弟子郭大同，弟子曾兰，弟子郭大臣，弟子郭大义，弟子郭大如；练武的佛门弟子；众弟子。

〔二〕益，据文义，应为『艺』字之误。

〔三〕奇枪，据下文格式所补。后同。

下枪□落，左腿舒直，右腿弓起。把用中阴中阳，照左海底穴扎，名为『孤雁落少（沙）[一]滩』。

上枪照肩项扎，身合把蒯[二]，把用蒯把。合胯，名为『推窗望月』。

下枪□起，把用抖把，照左目扎，名为『天边摘月』。

上枪，把用正把，抽身箭步而走。

下枪□□，照面一枪。

上枪叠步，藏身，把用【中阴中阳】，照左海底穴扎，名为『猿猴盗锁』。

下枪卸步，脒[三]流乂（叉）[四]步势。蒯肘，把用正把，照膀肩扎，名为『相（湘）[五]子挎花篮』。

上枪□起，切身，把用合把。走里，扎外左胁，名为『鲤鱼摆尾』。

下枪拧把，抽身，箭步而走。

上枪□□，照面一枪，下枪唼[六]身进步，把用老【阴阳】，照左脚扎，名为『灵猫扑鼠』。

上枪将左脚一抬，探身。把用捧把，照左肩后窝扎，名为『夜乂（叉）探海』。

〔一〕少，据文义，应为『沙』字之误。

〔二〕蒯，冀鲁官话，表示挎（胳膊弯起来挂东西），或用指甲搔；另有湖南方言表示扯、拔。（许宝华、宫田一郎主编汉语方言大词典（全五卷），中华书局，一九九九，第六四一八页。）

〔三〕脒，膝盖弯。（汉语大字典编辑委员会编纂汉语大字典：九卷本，崇文书局，二〇一〇，第二二四八页。）

〔四〕乂，据文义，应为『叉』字之误。后同。

〔五〕相，据文义，应为『湘』字之误。湘子，指神话人物韩湘子，早期传说中，韩湘子的宝物有花篮。

〔六〕唼，音为 shà，指水鸟、鱼类争食；通『歃』；音为 qiè，指谗言；音为 zā，同『咂』。（同上书，第六九六页。）

下枪把用正把，照左手崩出。

上枪抽枪，把用中阴中阳，箭步而走。

头路已完

奇枪二路

下枪赶来，照心冂扎。把用中【阴阳】。

上枪转身，上步，照左□□扎。

胯□□，手交乂（叉），把用老【阴阳】。步用骑马势，名为『云里藏身』。

下枪落身，桩左腿，跪右腿，把用胯把。右手护左膝，照心扎，名为『脱身换骨』。

上枪腾身，上步，合把老【阴阳】，照肩窝扎，名为『野马分鬃』。

下枪身起，上左腿，落身。左腿桩起，右腿跪下，右手护左胁，把用蒯把，照印堂穴扎，名为『高山点灯』。

上枪□身，把用纈〔一〕把。固住，下枪抽身，箭步而走。

上枪赶来，照心窝扎，把用中【阴阳】。下枪乂（叉）步，合胯宁（拧）〔二〕把。左手锁，右手拧，照胁□扎，名为『胯（挎）〔三〕剑』。

〔一〕纈，此字难以识别，待考。
〔二〕宁，据文义，应为『拧』字之误。
〔三〕胯，据文义，应为『挎』字之误。

上枪□拧身，吊把，把用【外中阴外中阳】，照左胁扎，名为『乌牛转角』。

下枪弓身，卸左步，上右步，把用中【阴阳】，合把护右脚面，照小腹左边扎，名为『抽里褪花』。

上枪抽枪，转身，抬左腿，箭步而走。

下枪赶来，照面一枪。

上枪将右手抽落固住，下枪右腿趿步，并足。把用中【阴阳】，照鸠尾穴[一]扎，名□『躲门枪』。

上枪切身腾步，左手沉，右手起，把用中【阴阳】，照合骨（谷）[二]穴扎，名为『燕子超水』。

下枪乂（叉）步，合身，把用老【阴阳】，箭步而走。

二路已完

［奇枪］三路

上枪起来，照面一摆，下枪左把落，右把起。把用中【阴阳】，固住。

上枪转身，上右步舒直，右腿桩腿，把用【老阴老阳，手腕交乂（叉）】，照左膊扎，名为『黑鹞入林』。

下枪卸右步，上右步伏身，弓左腿，舒右腿，把用【老阴老阳，手腕交乂（叉）】，照右膊窝扎，名为『遮避』。

上枪卸右步，上左步，伏身，把用老【阴阳】，照左膊窝扎，名为『枪背』。

〔一〕鸠尾穴，穴位名称，位于脐上七寸，剑突下半寸。

〔二〕骨，据文义，应为『谷』字之误。『合骨穴』疑为『合谷穴』。

下枪卸右步，缩身，上左步，把用正把，照左胁扎，名为『托塔』。
上枪卸左步，上右步，右手送出，照左胁扎，名为『青龙探爪』。
下枪抬左腿，将枪拧出，箭步而走。
上枪败身，右手抬，左手落，把用蒯把，固住，箭步而走。
下枪赶来，照左胁托扎，把用中【阴阳】，名为『风穿林』。
上枪赶来，四平枪，扎去。
下枪错步，把用中【阴阳】，照里穿指扎。
上枪近步，端枪，扎保寿关〔一〕，名为『猿猴进桃』。
下枪卸左步，横身，左腿桩，右腿舒，右手单发，照腰扎，破猿猴进桃，名为『乌鸦晒翎』。
上枪，将枪拧出，箭步而走。
三路以（已）〔二〕完

奇枪四路

下枪赶来，骑马势，把用中【阴阳】，并枪，照膝扎，名为『海底捞月』。
上枪偷右步，坐盘势，拧右把。把用中【阴阳】，照膊窝扎，名为『枯树盘根』。

〔一〕『保寿关』疑为『保寿宫』，相术中指眉毛。
〔二〕以，古文中通『已』字。

下枪卸右步，如败势。下身，提右手，沉左手，把用中【阴阳】，照膊扎，名为『黑风入洞』。
上枪上左步，提右手，把用【搅把他把】，照左脚外踝骨扎，名为『死蛇翻身』。
下枪起身，抬左腿，拧把，提出，箭步而走。
上枪赶来，四平枪去发。下枪错步，照手扎去。
上枪步用骑马势，伏身，左手少阴把，照心扎，名为『单手摘印』。
下枪上右步，伏身，把用合把，照心扎，名为『摆旗』。
上枪合身，抽枪，箭步而走。
下枪赶来，上枪四平枪出，把用中阴中阳，照左腹扎。下枪落身，吊把老【阴阳】，照胯尖扎，名为『仙人撕袍』。
上枪摆枪，名为『青龙摆尾』。
抽枪，切身，拧把，固住。
下枪摆枪，照胸扎。把用老阴老阳，阴转阳把。
上枪扱步，横身。捧把照咽喉扎，名为『夜捧手』。
下枪败势抽枪，箭步而两下拔开。
四路已完

枪论

提要

枪论，一册，抄本，无版框，楷书。此谱于二十世纪八十年代在武术挖掘整理工作中被捐出，然其捐献地与捐献者情况不详，现藏于中国武术研究院，院藏编号为G852.23-20。

关于此谱成书时间，据谱中祖传神枪谱序所记其四辈传承情况分析，可能成书于清代中后期。

此谱内容主要包括易筋经及枪论两大部分。

易筋经有署名李靖的序文1篇，其正文内容，目录上有三十一则，前二十五则分别为易筋经义总论，膜论，内壮论，揉法，日精月华，服药法，内壮丸药方，荡洗药水方，初月行功法，二月行功法，三月行功法，四月行功法，行功轻重论，行功浅深论，两肋分内外功夫，运掌八法总要，杵槌法，五段条手总要，木杵木槌式，石袋式，五、六、七、八月行功法，九、十、十一、十二月行功法，阴阳配合论，下部行功法，下部洗药方；其余的内壮神勇、外壮神勇、八段锦、炼手余功、用战与神勇余功六则，均注明『缺』。不过，现存仅有易筋经义总论、膜论、内壮论、揉法、日精月华、服药法和内壮丸药方七则，以及荡洗药水方一则的部分内容，其他内容均已散轶。

枪论的内容亦包括两大部分：一部分是有关枪法的各种技艺、歌诀与注解，其中的『枪论』，是此谱的首篇，还有『扎枪歌』『神枪总论』『六路神枪法歌诀』以及具体的枪法名称和有关对敌歌诀的注释等。谱中还专门列有『论枪法不可滥传』一则，反映出编录者对习练者鲜明的道德要求。另一部分是诸如棍、剑、刀等器械的内容，如『剑法』『剑诀歌』『战棍』以及与镋和刀互校的『扎镋法』和『扎刀法』等。

枪论影印

易筋經序

外五虎門 大小梨花館 清宗西山三郎

後魏孝明帝太和年間達摩大師自梁適魏面壁於少林寺一日謂其徒衆曰盍各言所知將以覘乃諸衆因陳其進修師曰某得吾皮某得吾骨某得吾肉惟與惠可曰爾得吾髓矣後人漫解之以為入道之淺深云爾蓋不知其實有所指非漫語也迨九年功畢始化瘗熊耳山郤乃携隻履西歸去後面壁處碑砌壞於風雨少林寺僧修葺之得一鐵函無封鎖有

際會百計不能開一僧名慧可者悟曰是必膠漆之固也宜火炙之函遂解乃鎔蠟滿注而四着故也得所藏經二帙一曰洗髓經一曰易筋經洗髓者謂人之生感於愛欲一落有形悉皆滓穢欲修佛諦動障真如五臟六腑四肢百骸必先一一洗滌淨盡純見清虛方可進修入佛智地不由此經進修無基無有是處讀至此然後知向之所謂得髓者非漫語也非壁喻也易筋經者謂髓骨之外皮肉之內莫非筋膜

聯絡週身通行氣血凡偏後天皆其提挈借假脩真
亟斯勸贊立見頹靡視作泛常曷臻極至捨是不為
進脩不力無有是處讀至此然後知向之所謂皮肉
骨者非譬喻也非漫語也洗髓經帙歸於慧可附之
衣鉢共作秘傳後世罕見惟易筋經留鎮少林以永
師德第其經字皆天竺文少林諸僧不能徧譯間或
譯得十之二三復無至人口授秘傳遂各逞己見演
而習之竟趨旁徑落於技藝遂失作佛家真正法門

至今少林僧衆僅以角藝擅長是得此經之一班也衆中一僧具超絕識念達摩大師既留聖經寧惟小技今不能譯當自有譯者乃懷經遠訪遍歷山岳一日抵蜀登峨嵋山得晤天竺聖僧般剌密諦言及此經並陳來意聖僧曰佛祖心傳基先於此然而經文不可易譯佛語淵奧也經義可譯超凡達聖也乃一一指陳詳譯其意且止僧於山提挈進修百日而凝固再百日而充周更百日而暢達得所謂金剛堅固

地馴此入佛智慧地洵為有基助矣僧志堅精不落
世務乃隨聖僧化形海外不知所之後徐洪客遇之
海外得其秘諦授於虬（音求）髯客轉授於余嘗試為之輒
有奇驗始信佛語真實不虛惜乎未得洗髓之秘不
能遊觀佛境又惜立志不堅不能如僧不落世務乃
僅借六花小技以勛伐終〻懷惱悔也然而此經妙
義世所未聞僅述其由俾知顛末企望學者務期作
佛勿做區〻但作人間事業也若果能成佛乃不負

達摩留経之意亦不負余傳此経之意若曰神勇以名世則古之以力聞者多〃矣奚足録哉

大唐貞觀三年春三月穀旦

太原李靖藥師甫識

後郭子儀得此経習之有效 見舊本增序

易筋經目錄

九十十一十二月行功法

陰陽配合 缺

下部行功法

下部洗藥方

内壯神勇 缺

外壯神勇 缺

八段錦 缺

練手餘功 缺

用戰 缺

神勇餘功 缺

易筋經總論

般剌密諦諦曰世尊大意謂學佛乘者初基有二一曰清虛二曰勇往清虛無障勇往無懈不先辨此進道無基清虛維何洗髓是也勇往為何易筋是也易者變也筋者勁也原夫人身骨髓以外皮肉以內四肢百骸無處非筋無勁非筋聯絡週身通行血氣助益精神提携動用試觀筋弛則病筋攣則瘦筋靡則痿筋弱則懈筋縮則亡筋壯者強筋舒者長筋勁者剛筋和者康以上皆由內賦於天外感於病或盛

或衰皆由功修自成諸壯今以人功變弱為強變柔為剛反衰為康筋之力也身之利也聖之基也立命在我此其一端然而功有漸次法有內外氣有運用行有起止以至藥物器制節候歲月及夫飲食起居徵驗始終務宜先辦信心次立肯心奮勇往心堅精進心如法行持進而不懈無不立躋聖域也

膜論

骨髓之外皮膚之內以至五臟六腑四肢百骸無處非筋亦無處非膜膜較於筋膜為稍軟膜較於肉膜為稍勁筋分條

綫半附骨肉膜則週遍附着骨肉與筋有分其壯若此鍊筋則易鍊膜則难蓋脩鍊之功以養氣為主天地生物氣之所托百物生焉脩練氣至筋膜齊堅然而金體虛靈氣至則起膜體沉濁氣不倍充不能起發鍊至筋起之後必宜倍加功力務使週身膜皆騰起與筋齊堅外着於皮並堅其肉始為氣充始為了當否則筋堅無助譬如植物無土培非為全功

内壯論

内與外對壯與衰對内與外較外可畧也壯與衰較壯可欣也蓋

内壮言道外壮言男道柢聖基男剛[illegible][illegible]務[illegible][illegible]揉矣凡錬内壮其則有三一日此道錬法專於積氣下手之要妙於用揉揉法詳後凡揉之時解襟仰卧手掌着處在心坎下臍腹之間即名曰中維此中乃積氣之地應須守之須令其眼光凝其耳韵匀其鼻息緘其舌氣四肢不動一意冥心存想中處先存後忘漸漸至于如不動是名曰守是云合式盖揉在于是則一身之中精氣與神俱注于是久久積之自成無邊無量功德故有襟念紛紜馳想世務神氣隨之而不凝注虛此揉矣無有是處

一曰意物外馳人身中之精神血氣不能自往悉從乎意意行則行意止則止守中之時一意掌下是爲合式設或馳念一掌之外或又馳念於各肢体其所凝積精氣與神遂即走散於肢体即成外壯而非内壯矣揉而不積虛所揉矣無有是處

一曰待其充周凡揉與守所以積精氣氣既積矣精神血脉悉皆附之守之不馳揉之且久氣惟中蘊而不旁溢氣積力久自然充滿週遍即孟子所謂至大至剛塞乎天地之間者是爲浩然之氣也設未及充周馳意外走散于四肢内壯亦不堅則外

勇亦不全兩無是處

揉法

諺語有云筋骨磨礪而後能壯惟此揉法乃磨礪之意也其則有三一曰春月起功盡此練法太約三段每段百日初旬功時必須解襟次段功夫必須現身宜取二月中旬下功為始向後漸煖乃為通便一曰揉有定式人之一身右氣左血凡揉之法宜自右邊推向于左是推氣入于血分使之通融又取胃居于右揉令胃寬能多納氣又取揉者右掌有力使用不勞一曰揉宜輕淺凡

揉之法雖曰人功宜法天象天地生物漸次不驟氣至自生候至物成揉者之法但取推盪徐徐來往勿重勿深久久自得是為合式設令太重則傷皮膚必生瘢痱太深則傷肌肉筋膜必生腫熱兩無是處

日精月華

太陽之精太陰之精二氣交融始生萬類古人知之而善咽之久皆仙去其法秘密世人皆莫之知也況無堅志且無恒心是謂負居諸也行內鍊者自初功始迨大成功以至終身無論忙閒不拘

時候而此採咽精華之功不可間斷蓋取陰陽精華益我神智濁滯漸消清靈日長萬病良有大益採咽之法日取於朔謂與月初交其氣新也月取于望謂金水盈滿其氣壯也設朔望日值有陰雨或有不暇則取初二初三日十六十七日過此六日虛而不取可也取日于朔宜初出之時登高默對調勻鼻息細吸光華令滿一口閉息凝神細細咽下以意送之至于中宮是謂一咽如此七咽靜守片時然後起行望取月華亦準前法於戌亥子採咽七口此乃天地自然之利惟有恒者能享用之亦惟有

信心者乃能取之

服藥法

鍊壯之法外資于揉內資于藥行功之始先服一丸約藥入胃將化之時即行功夫揉與藥力兩相迎湊乃為得法過與不及皆無益也行功三日服藥一次照此為常

內壯丸藥方

野蒺藜杵去刺炒　白茯苓去皮　白芍藥炒　熟地酒煮搗膏

甘草蜜炙　硃砂研細水飛　以上六味各一兩　人參去芦弍錢

白朮土炒　全當歸酒拌晒乾　川芎大者各八兩

上藥為末鍊蜜為丸桐子大每服三錢或湯酒下一云多品合丸其力不專另有三方任用一方野蒺藜炒去刺甘菊花各四兩研末煉蜜為丸桐子大每服三錢服之

一方白茯苓去皮為末松香米泔水煮十遍研細煉蜜為丸服之

一方硃砂水飛每服三分蜜水調下

盪洗藥水法

行功之時頻宜盪洗法用　地骨皮　食鹽各量入水煎乘熱盪

鎗論

論出處鎗法一人敵也兵法萬人敵也有志於此者當熟讀孫吳深明韜畧不可徒以此終身也吾願學者於平居時清心寡欲精求奧妙兵法鎗法以至於入神之地更兼之以誠待人以和接物無驕無畢其見用也可以立功名成事業上籌國計下保民生撥乱反正救患持危其不用也則隱居山林讀書佩劍防身防心石室雖小別有乾坤古

人云三尺劍五車書一炉香居陋室銘曰君子居何陋之有

論神情用兵之道貴乎前知餘法亦然敵欲動而神先告我或向左或向右或進或退或虛或實觀其神情可以前知迎其機而破之斯為得法若不察其神情何由知彼心之向往而預為之備待鋒以發從其後而追之必不及矣傳曰凡事豫則立不豫則廢不信然乎

論貪勝從来虛則难攻實則易破若夫彼虛而我實則性貪矣貪則力猛猛則出乎無節敵鎗一变手足無措雖有知術亦無所施劍有漁郎问津鎗有逍遥戰杆皆不貪之道也

論勝敗未出在我已出在人雖手眼清白出手老成亦難保必勝即曰無法甚善安知無更善於我者吾藝甚精安知無更精於我者所生尅有一定之理天地原無必勝之數安得曰有勝而無必要之勝敗难必在乎

虛已而已法曰戒敗心宜靜戒勝、戒莫[illegible][illegible]恐心兵十二

篇大意不外乎此

論剛柔力有剛柔剛柔之用柔居其九剛居其一但剛力一用不過轉瞬之時即便爲柔柔蓋以柔之原身反從場剛之屈伸返復難也不然剛久非剛反成拙力敵鋒一交無可如何矣故曰過剛則折此之謂也或曰可以柔則獨用柔可以剛則獨用剛乎曰非也柔不離剛剛不離柔彼此原有濟耳曰何以相濟曰用柔之時心存乎剛力是外柔而內剛也用剛

之時存乎柔力是外剛而内柔也剛中有柔柔中有剛剛柔相引纏綿之地而莫窺其離合之跡斯得相濟之妙矣若柔中無剛則失之軟剛中無柔則失之勁也

論虛實鎗之虛實全在乎心不在乎形心若虛形雖寔亦虛心若寔形雖虛亦寔鎗雖深入心防敵變彼若轉動我能隨不亦寔而虛乎入即不深視為必勝有進無退敵勢忽變來手無策不亦虛而寔乎傳曰見可而進知難而退

論自新鎗法甚多难以概論一鎗之中或色一二或色二三以至

於十必新，自鎗中推出鎗外之法，法外之法，以至於無形無形，然後臨時見机變化無窮，知五行自然之生剋，達於陰陽消長之妙用，一動一靜無不合宜，豈能口傳。初學固是不能，功久自知妙用。經曰：溫故而知新，可以為師矣。

論身法不可執一〇鎗之最要者，手法固要靈活，身法亦不可執固，故身必忽曲忽直，忽近忽遠，忽大忽小，忽進忽退。身法如電，運步如飛，有時若大鵬展翼，有時若猿猴入洞，靈活靈動方云活法。若拘拘以大小定勝負，執矣。故曰：勿守株以待兔，當

臨時以致宜

論初學不可躐等　曰予仰体前人之意不欲私之於己欲以公諸同志者豈非好之之念甚誠廣而大之之念甚切也哉不揣謬為敘言聊以述其初且淺者若夫精微之旨不可以言語形容者尚有多端姑著此論以示人業是者誠即此而推廣之由淺入深由粗入精則精微之妙用亦即於此而得之矣茲將奇段二法開列于後後之學者當熟習之細思之循序而進之不可視為末藝而忽之傳曰辟如行遠必自邇辟如登高必

自卑

論鎗法不可濫傳○聞之有文事者不可無武備吾固欲以此術公諸天下傳之後世者但捐人之術不可不傳又不可不擇人而傳法曰不忠不孝者不傳不義不仁者不傳無禮無信者不傳好異性貪者不傳不謹不慎者不傳古人云殺人不善罪坐於師孟子云善戰者服上刑不可慎哉

論工夫鎗法雖屬小道不專心致志必不能成後之學者必用百至於千之功方不負吾留法之意又必返復思意方知立意深遠有

言一遺百之憾惜乎不能靜載於紙以為後世伐也古人云鎗法已成口不能明誠哉是言也又云我身有病是資敵心存誠見彼人斯不學空化难為守工夫不到終是迷

論勢法未有勢法先有此理故勢有善有不善理順則無不善之勢法有精不精理順則無不精之法是以善學者務要先明其理通而勢法自無弊矣

札鎗歌勸君對伊莫慌忙持鎗平穩把頭藏反正左右刺虎口劈打勾掛不尋常閃轉交換加仔細化撥捧扭得人驚順手鎗刺

順手鎗、夜龍還是夜龍傷。外鎗刁走跨低、三星、照倒龍頭。進則當退、則遮攔、有掃地也不怯。挑也挑、攔也攔、加上抗手也不怕校也。校、轉也轉、黄龍戰杆龍出現。進刺快、傷避大小吃力用心。習滾也滾、拿也拿、上去挑、下去摔刺、當胸點、咽喉下、趟腳上撩眉、兩膝兩脇緊相隨。外點遍体刺小花鎗心也內藏十面埋伏、容佛留禪丈似虎狼、壯士習熟定家邦、江湖周遊無敵手、天下揚名第一鎗。四鎗加八滾、照得敵人、準妖魔俱害怕、祖師也寒心。戰斷。逍遥戰竿最高強、退步搭鎗似奪鎗、撐按隨馳逐、便用、左右

而从其中藏、千鎗萬鎗皆有戰、無戰如同綱無綱、降龍一怕雖能
破粘着不動便無妨。一言难盡其中妙、學者當用揣摩方。
戰者即粘住彼鎗之謂也不妨彼進亦不令彼出彼若摘鎗欲
刺即承其將摘而刺之百發百中此斷乃諸法之大綱故首列之
起形斷。起形一斷亦最精、借發淡法在其中、内外兩门可並用、須
防夜駝刺前胸。彼用駝来我用奇、歪身進鎗便成功〇奇门者、
即傍门也、奇鎗即傍鎗、或歪身或調步即能成功。
平斷。中门須用平斷鎗、一送、一領最高強、若用搬鎗来破我、自

吊一鎗將他傷。轉身一扭什望月、天邊摘月自無妨。○摘月是扎眼。

奸斷。奸斷當破四平鎗、一接一送最难防、左右兩邊遂机用、解圍須得用奇鎗、天边摘月向右轉、還有向左轉一鎗。○無名口授可也。

力斷。首抵金鎗五斷揚、退手躲步如左、鄉青龍入洞快着走囚地、金龍頭上劄、火龍三掇魂飛散、柔剛一滚神自亂、此時要问和解計、下邊須用立水鎗、内藏奇鎗一套、难枉口授可也。

穿堂斷。一接一挫踃穿堂、挫時最怕遇截鎗、半進半留藏妙用、接若来時用奇鎗。

流星趕月流星趕月名纏絲纏住彼鎗不放出、頭一視来傷我那

扎定南即破之。

飛斷斜步一躍到身傍、足未落地横進鎗、要知此鎗如何破、鷂

子挾胷最相當。

悠斷悠来悠去戰竿長上下恍動使人忙、縱有多鎗来敵鬪、

悠中帶指俱被傷。

梨花斷梨花萬點乱紛紛、一擲三花驚人魂、要破此鎗老裏去、

去時須防奇鎗根。

大蟒搖頭。大蟒一動步橫挪、左右搖來雙彼摩、攔腕恰似龍吸水、

一進便退奈我何、

哪吒鎗。風火輪鎗敵多人、步火鎗搖左右輪、鋌甲一雖遂便用、一

鎗下去追人魂、退步翻叅来取手、我用掃堂棍一根、飛身躍

起急刺肋、身轉叅翻向後心。

龍形。持鎗彔穩把身藏、五虎斷散名自揚、金叅一動龍三献、

蜈蚣鑽地渾身忙、獨龍取水揚頭去、鷂子翻身向後張、雙

手一、捕龍变虎、神仙难躲这一鎗、要得死裏求生計、左脚横蹄急進鎗彼用歪身来闪過二人齊起兩無傷、

鳳凰出榜、鳳凰出榜鎗最疾、搭似落枝起登枝、童子献書来截我歪身鎗進自歆如、

虎形勢惡莫若虎形鎗、忍伏忍起最雄強、但怕雖鎗將肩刺、伏時須要緊提防。

長鎗。長鎗不與他鎗同、發一接氣連彼鎗、若有横力出、自吊一鎗便成功、○此是扎細鎗之法、若用扎粗鎗反受其害、

凡學鎗者、既入吾門、即吾弟子也、當听吾言、一不可粗心、二不可间断、三不可自高、四不可半途而廢、五不可悍、不知文、不知文則理不明、不惟不能知為將之道、而鎗法亦終不能精、必濟之以學文、以窮其理、則智者可以知五行之生尅、四時之序、行人事之感應、世運之興替、凡消長制化之理、進退存亡之道、吉凶禍福之机、無不洞若觀火、料敵致勝、不過餘事耳。遇事者亦足以隨事察理、撥砂揀金、淘出半隙之明、以識趋避之机、以保身保家、亦所優為。如是則鎗法不求精而精奥、不求巧而巧矣。昔柔桑氏之君修德廢武以滅其國家。有扈氏之君恃衆好勇以喪其社稷。吾是以為危難之際不可忘文事平安之時不可廢武備勉之慎之勿自灰其志也。

劍法。迎門大劈、進步斬腕則以鐵眉破之、退步斬腕則以飛揭破之。

左刪法　白鶴舞風　穿腮　觀音救苦　右刪　白鶴舞花

橫結　金風吹蟬　巧鯉化龍　出辟白鶴舞風　孤立中庭

青龍擺尾　左刪　巧手化龍　六合無蹤　白鶴舞風

橫結　點手喚將　金蟬脱殻　右刪　六合無蹤　巧手化龍

左右傳丨出辟　勒馬觀風　斜陽西墜　順風扯旗

黄龍轉身　勒馬觀風　斜陽西墜　古樹盤根　一點金

迎门大劈　鑿山求劍　浩然折梅　外窺中原　白魚躍浪

古木臥平砂　古樹盤根　張公吸酒　白猿摘桃　穿山求賢

金魚喫子　點手喚將　金蟬脱殻

劍訣歌

電掣昆吾晃太陽、一升一降把身藏、左右四顧四劍　搖頭進步風雷響、滾手連環上下防（開右足一劍進左足一劍又左右各一劍收劍）左進青龍雙探爪（縮退兩步開劍用右手十字撩二劍刺一劍）右行单鳳獨朝陽（用左手一刺挑進二步左右手一挑左右各一盖右手一门轉步開劍作勢）撒花蓋頂遮前後（右滾花六劍開足）馬步之中用此方。

蝴蝶雙飛射太陽（右足進步左手來去二劍左足進步左手一刺一晃）梨花舞袖把身藏（退二步從上舞下四劍）鳳凰浪翅乾坤少（進右手足時中張兩手仍翻手左手一劍右手來去二劍左手又一劍開劍進右足）掠膝連肩臂兩旁進步满空飛白雪（從上舞下四劍收右手）回首野馬去思（右手）。（抹肩一劍又作左右手抹腳一劍抹肩一劍左手來去一劍一刺右手一八小劍）

戰棍五郎短爪形爪手爪单行皆单頭棍难柱口授可也

分鎗。撒步鳳騰令串臂夜叉行、鈴縈總上下、鎗左肋中

底駝法。鎗高且防遏底駝、托杆有、進最准且彼用托法我用按、住

不動即妙着。

拗步法。拗步原是短敵長、携鎗進步児看忙、相机一發鎗变棍、奇

棍下邉变奇鎗。

錠鎗。錠中妙用最难識、停鎗不動相机出、敵人不識其中意、

先進一鎗魂自飛。

雜鎗門 雷震子。震子騎馬哭喝、風走線路無處捉、要有好鎗来敵鬭、

鎗等準下疕着。

阿藍鎗。阿藍拳鎗笑吟〻、身長足蹺妙如神、欲用此法先用淡、

淡開然後得能人。

懸風定。懸風原是破攔鎗、一提一鎗最难防、敵人千般来遮蔽、

落得手頭徒自忙。

定甲鎗。定甲亦名金剛鎗、勢若奔馬形若摧、下有鎗来上

有棍、神若慌亇定然得。

伏虎勢。一伏一起似虎狼、双手捕去勢勇強、要知此鎗如何用、

淡法之中妙用藏。

雖鎗用法。底用伏虎高明阿、中平又是定中多人〻皆知雖鎗法、

若無淡法非妙着。

散點左右兩办　穿指　黃龍三轉身〻鎗　迎風抛扇　穿袖

邪扎定南針　巧女任針　抛鎗　天邊摘月奇　揹鎗　摔鎗

梭鎗　搬鎗　曲鎗　孤雁出群　轉鎗　撥草尋蛇。

青龍入洞　白蛇美風

蜂穿花註解破花鎗用〇彼攬半圈進鎗、我即斜步提手扎

彼肋名曰扎花心彼攪多半圈進鎗我即斜步提手扎彼股、名曰扎花葉彼攪一圈進鎗、我即斜步提手扎彼面、名曰扎花杆。若攪太急亦可先扎、若輕緩不可輕扎、恐彼用隨法截法。

四大截鎗註解○我鎗扎去、彼拿開扎我、、就一閃將鎗推彼身上、即截法也上下左右皆然、。

奇鎗門 白猿入洞（奇中奇） 児牛望月（奇出正） 走馬回頭（奇中奇） 童子献書（奇中正）

白猿摘桃（正中奇） 鉄牛耕地（奇中奇） 鷂子挾胸（奇中奇） 白牛耕地（奇中奇）

獨龍取水 奇中奇 蜈蚣鑽地 正中奇 火焰鑽心 奇中奇 奇鎗根子 奇中奇

降龍帖 奇中奇 黃龍臥道 奇中正 任鎗 奇中正 身歪鎗斜 奇中奇

身正鎗斜進 正中奇 身歪鎗正進 奇中正

鎗法甚多難以悉註神明此於隨心變化相机而動不可終窮矣

四封四閉上下定法按法撐法借法並法駝法隨法淡法閃法

以上十條乃初學之要法當先講究明白然後再學鎗點方不失規矩又當運用於戰法之中方不失法中之妙

也不然大綱已失雖有此數法亦难自保矣鎗法至此可謂成矣

中和鎗。心神傳我中和鎗、無影無形、無柔剛、渾淪一体太極象、令敵無處測陰陽。

論貪多之弊○用功固不可怠忽間斷、又不可貪多務廣彼怠忽者固無成矣而貪多者往往未啟其端而欲深其緒小就乎此而忽志在乎彼是以雖役終日勤苦不肯休息而意緒匆匆常若有奔趨追逐而無從容涵養反復揣摩之功。

無論見聞之未必多且廣也即所見已多所聞已廣而鹵莽滅裂終無以識妙理之精深其與怨間斷者亦何異之有哉學者多有此病故録之以為戒耳

戦断註解戰者粘也彼動我亦動彼止我亦止如粘於彼杆上也逍遥者不剛不柔悠々自得之象也退步搭鎗者退向後退輕々搭於彼鎗上也不退則離敵人太近恐敵用轉法扎来封閉不及用輕力者取其易於活動可乘其將轉未轉時而扎之也似奪鎗者身微退後似奪物也此是身力非手力

撐按隨駝者若高來則撐之於身外或向左右或欲退去得扎即扎不得扎則隨之在我鎗下則按之在我鎗上則駝之皆不可用力太過大主意左右兩从者從下从我手我用手一按退步向一帶彼鎗自落地矣千鎗萬鎗皆有戰者言鎗皆當有此法也無戰如同網無網者言此鎗不可離彼鎗離則懈懈則必失矣即鎗法熟練者至此以無以自保也降龍者用橫身之勢按住我鎗逼我也識其勢而不動則無奈我何矣此雖註解大畧而規矩之細得心之妙尤不能註之於書者

似得口授學者若專心致志、返復推求、亦可以神而明之、變而通之、何必耳提面命也。故曰徒學不思是罔、然莫能此書當等閒誰能識得其中理、無形、觀向斷乎傳、倘有扎接扎不接、扎接者一見接住看其動轉有病然後扎之此先用戰之法、雖得人不疾而自保則有餘也。扎不接者將倘擾動不與相接觀其面色如欲扎我、先扎之如不得力恐有所失則急用戰法以自保矣此後用戰之法也雖得人甚速而自保稍不足也

起形斷註解　起形者承敵鎗欲出未出之時將鎗急搭彼杆上身腰向後斜轉四五分彼鎗已開寸餘身向下一落遂一起輕輕將鎗一登如鳥欲飛而登枝也此借淡登三法甚巧必細心摩想然後可得粗則难成底駝者右腿一跪左足前進鎗向彼身一扭也此是扎中帶駝不是駝後方扎也須知之歪身者因駝鎗太疾不及封閉故歪身大閃用奇中奇以破之戰斷是撩住扎故用粘法起形是離開扎故用登法二斷此鎗法之大綱於此有得方可博聞廣見以企於大通之後遂

心变化乃為有益不然雖多亦何能為哉

平斷註解　平斷者用騎馬勢從中门進鎗敵人若順杆扎来則就勢一領是要力彼鎗自開我鎗可復進若来帶橫力當用搬鎗法若已過我前手當用屈法彼若先用搬法我可用自吊以破之或曰吾聞一门之中原有千变萬化此數鎗似不足以盡其妙也予曰变化多端豈能盡錄不過舉一隅耳使由此而推廣之覌来勢之緩急就勢破勢因法破法自有無窮之变化寓乎其中在人之思與不思耳望月摘月

皆扭身取目之法其形甚难叚口授可也或问平断足用否予曰足用又问此不过中门一法若從上下進鎗恐無法以應之予曰敵取我上我取其中敵取我下亦取其中我必先到彼必落後蓋以中門之路近也雖不顧上下較之顧上下者得人更捷矣

奸断註解 ○ 奸者全不用力有奸意也接鎗者我鎗粘住彼杆彼進我退彼退我進彼急我亦急彼緩我亦緩隨人之勢借人之力以得人也與戰断相

似此止在中門也法甚細难破用奇鎗向左右閃開
方能解圍此断得口授
力断註解○首抵金鎗攙断揚攙断者即挽手也
退手者我竿粘住彼杆隨其猛力身微後退也
騍步者足向左斜進身向左一轉以刺肋也青
龍入洞者身後退鎗向右一攬然後直進也因地
金龍者忽起刺頭也火龍三掇者自身向左一轉手
向面上一擰三花也柔剛滾者先柔而後剛從左

向裏一滚也立水者右手高起進步剌足也
或問鎗近敵而何不急扎又用擰鎗虛慌之
法何也予曰我鎗老矣急則又寔矣恐彼
一閃扎來難以自保不若待其再動而破之
覌其神慌而扎之更妙也此兵法中不肯深
入之法皆於鎗法有得而兵法可知其畧於
兵法有得而鎗法自在其中矣此可為知者
道不可爲不知者言耳

穿堂斷鎗解　○一接一拴者敵鎗欲出之時用鎗接住彼

竿向後繳篐寸餘遂將手一滚拴其身也怕遇截鎗者恐彼

横截我也半進半面者鎗近彼身苗住不扎也截若來時用

奇傷者用奇破截也用截破截亦好

飛斷註解○斜步一躍者先將鎗蹬開遂即斜躍也橫進鎗者刺其身傍也鷂子挾胷者右腿斜進左腿跪扭身反扎也

悠斷註解○人若太多直扎不行故用悠法慌之使敵人不知我扎誰也然後合近扎遠出其不意攻其不備也指鎗者形似手指物也前後左右皆可用至於桿鎗斜鎗奇鎗奇棍伏鎗截鎗其中多用之不可不知

梨花斷註解○梨花搭鎗即登開右手一撑似梨花乱動也怕從花中破我撑鎗之時必看敵人神情若欲扎來必先截之使花鎗者不能知此是失其大要矣雖紛紛萬点亦何能為哉敵人若來老裏一搭急用奇鎗扎之敵人亦用此鎗我且不可招架靜用待法待其來扎然後破之鈎經云彼忙我靜待亦此意也

大蟒搖頭註解○大蟒者形似大蟒故因以為名也

横那者用飛法飛於敵人身上也難捉摩者敵不知我從何處而進也揭腕者扎其手腕也搖動之時專看敵人之精神若欲扎我我先扎手腕以截之似龍吸水也其形若龍之吸水也一進便退者鎗將進而身先退也此是進鎗不進身之法進身不進鎗進鎗不進身劍法亦如此當知之

哪吒鎗註解曰風火者風鎗出火也轉輪者二足如登車輪也有似哪吒故因以為名用紙筒實花藥

於內頂上抹黃天硫縛筒於鎗上敵將鎗一搖藥自燃即出火傷人目黃天硫硃砂打成火箭傷人亦是此法步大鎗搖左右輪者大步橫走將鎗輪動似棍形也下数鎗名顯可不必解

鳳凰出榜註解。鳳凰出榜者鎗頭相接向下一點遂即側身直進也搭似落枝起似登枝搭鎗要輕如鳥落枝上起似鳥飛如登枝也童子献書者右腿跪左腿前進揚鎗刺帿也歪身進鎗者身向左

倒以刺肋也

龍形註解○持鎗庅穩者非端方正直持鎗不動也用四平杆戰住中門有承定二法在內故能藏其身也五虎斷散者用五斷以散其勢也金纂一動龍三献者搖動似龍也蜈蚣鑽地者敵人按住我鎗向左一截遂向右一轉左腿一跪鎗向上一崩也獨龍取水者彼用蜈蚣鑽地從右扎來我向後一帶彼鎗一落閃過我鎗又從左扎來我鎗按住

彼鎗向右一戳逐向左一轉左腿一跪揚鎗刺彼喉也鷂子翻身者身向後張用单手來刺也双手一捕者身右轉鎗左扭閃出彼鎗身忽起向前一捕以錐之也左脚横蹄者此時封閉不及又不能閃故用脚踢我鎗遂舉鎗刺來我急歪身閃過自無傷矣

奇鎗藤羅纏杖　穿花取藥　拜佛聽經　鳳凰擺頭

仙人指路　青龍入水　鳳凰展翅　太公釣魚

家書投澗 劉令醉倒 蕭何追信 四馬荐諸葛

奇鎗反弓背箭 劈山救母 金風掃地 登梯摘月

白猿献菓

奇棍太山壓頂 白蛇吐信 截江大戧 波心変龍

過江斬蛟 一躍成龍 白魚躍舟 仙人點頭

老僧主伏 點手換將 化鶴歸洞 穿山求賢

黃龍轉身 張良奔山 魚郎追舟 鳥散繞樹

棍敵鎗太祖占粘 烏龍深海 童子拜神 順風掃葉

古樹盤根　錦鷂蹺足　台前掛劍　白蛇撲地

敵前後二人法　鎗棍並用　迎門刺右　古月沉江

孟奔拔角　深海捨身　單鞭救駕　立劈孔秀

伯王舉鼎　迎門刺左　顛鸞倒鳳　天王托塔

白虎躍洞　青龍擺尾　原璧歸趙　一伏解千秋

敵四五人四面齊來法〇一字橫飛步擊頭尾來

救應合頭擊尾四面齊來速跳出圍欲聞百鳥先

學跳腿鎗棍雖善非此不美前後尖步橫躍為飛

扎鏜法

未入鏜口宜搖動以慌之已入鏜口宜用並行何為並行曰在上挫来我用力向上一撥在下挫来我用力向下一摔在右挫来我用力一推在左挫来我用力一搬自向後一扭但要鏜近前手方可用之恐用轉還彼我也

扎刀法

刀之善敵鎗者莫過於粘法未粘我鎗用藾花以慌之視其神驚而扎之已粘我鎗不可退後亦用戰法戰住待其欵進而扎之雙刀擠鎗而進用并行擲手破之若忽入我懷不可慌用奇破之鎗當刎使扎刀更妙

或曰鎗法有窮乎孫子曰凡戰者以正合以奇勝善出奇者無窮如天地不竭如江河終而後復始

日月是也死而復生四時是也聲不過五五聲之变不可勝聽也色不過五五色之变不可勝也味不過五五味之變不可勝嘗也戰勢不過奇正奇正之變不可勝窮也奇正相生如循環之無端孰能窮之哉鎗法出於兵法兵法無窮然則鎗法猶有窮乎又问何為奇正曰兵法以对面交戰為正旁兵設伏為奇曰奇正之法已聞命矣交戰之時當先若何曰一要入界宜緩則自活变二要攻彼

顧顧我我身手方有一定之地三要視敵之强弱敵强則速去為高孫子曰善敗亦勝也敵弱則與戰無輕敵速進隨詐術也曰用功之初當若何曰功夫原有次序曰指界指界之後曰活身活身之曰活步活步之後曰運力運力之後曰用功用功曰知勢知勢之後曰知法鎗鎗用力處處皆活此用功之畧也曰鎗来太緩當若何曰緩則多詐宜退步搭鎗以觀其變過急當若何曰此人心無韜畧

惟持猛力用奇破之可保必勝曰前後二人齊來若何曰用栽鎗之法轉身破之曰四人並至若何曰非向傍跳不能脱危曰面齊來當若何曰有百鳥闘鳳之法曰其法如何曰難言也必將前註之法一一練熟以至於隨機應变變化無窮然後可學耳不然教之亦無益也曰可聞其畧乎曰其理可言也敵人雖多其中有巧拙精粗之不同舍精而取粗也當先觀其熟為巧熟拙熟為粗宜避巧

而趨拙舍精而取粗也且其来又有前後遠近之不同耳又當舍前而扎後指左以打右舍近以圖遠也曰其理固當如此而所用之法孰居其多曰悠斷韖花斷大蟒摇頭哪吒此其所擇而用之外用指鎗摔鎗錐鎗拋鎗奇鎗奇棍滚身飛步跳步尖步庶乎可以出危矣曰有定法乎曰學時有定規矩用時無定法不註之於書何也曰非口授不可故不註書何也曰非口授不可故不註書曰自

戰斷至龍形已註解詳明矣兩戒以下何以不解曰
下所用之法前已解清故不解耳曰前法我知
其大畧矣獨承定二法尚不能悟曰承即接也定
者接住敵鎗持而不動也心懷欲扎之勢二目觀
其神情見其欲動之機即急扎之故曰後人發兮
先人扎至順人勢兮借人力此之謂也曰我敗敵
追若何曰凡人勝則多驕驕則不無粗心之失矣
追則用猛力猛則無節制用伏鎗破之必矣追敵

若何曰昔曹劌戰齊於長勺齊師敗績視其轍亂望其旗靡而後追之蓋懼其有伏也由是觀之雖不可不慎也故必視其神情驚慌鎗敗亂然後追之可也若將近敵身又不可太急恐錐急則難閃也劍經云敵夫若驚我望前功敵夫若坦我宜安閑曰敵之真敗詐敗我知之矣何矣以知敵之巧拙曰觀其動靜可知伏牛云動靜者至相為經緯者也靜不專靜所主者動動不專動所主者靜動

而不靜敵知我失靜而不動亦知我失策予動靜用權惟恐敵失動而無靜靜而無物也動而無動靜而無靜神也物則無動神妙萬物水陰根陽火陽根陰五行陰陽太極四時運行萬物終始混兮闢兮其無窮乎

祖傳神鎗譜序　　　　　山登寧西郝氏子栢撰題

嘗思古之聖主文以安邦武以定國有文事者必有武備文武之道固並行而不相悖也是以孔門有顏子必有子路武王有周公必有太公昔武王弔民代罪而鎗棒興焉始授受此藝扵世後幾泯所傳幸吾　祖生扵清初好馳馬習鎗棒經師百有餘人而未獲其真久遍求遐方得捧教扵鄭師字純陽授此鎗捧遂洗心滌慮極力研學始

也識其吉歸繼也悟其精微豁然貫通相為一体傳至余父父傳至余竟百年日歷覌斯世精如此鎗者鮮矣故不忍獨祕學書於紙以示天下同志者識能習學精通亦可傳流於後世果其悟會貫徹自有前後出入之妙更有左右之奇豈曰小補之哉

神鎗總論 三大綱領 身法 手法 步法

第一要身法聳直腿要下曲足要丁步兩膀側正

胸腹添出双手擰鎗頭扭於左肩之上全要膀轉身搖一縐而入最忌撅臀凹腰横肩歸背不成身法恐其有失

第二要手法有陰手有陽手有振手有批手有通手有捲手手背在上為陰手手掌朝上為陽手鎗在後圈振手而進鎗在前圈批手而進進鎗須要通住他人之鎗方可進如通不住不可輕進此通手也他人之鎗前圈來得甚急欲退不可欲進不能只用前手

向後一圈便自無妨故名拳手
第三要步法有順步有躍步有偷步有纏步有磨膝步有点地步順步者左脚在前右脚在後步如丁字即丁步也
拗步者右脚上一步在前左脚在後即拗步也
偷步者如右脚在左脚之前退在左脚之後即暗偷之意也
纏步者如身向西行右脚在左脚之後回身向東

倒步不及將身一扭一纏而由右腳便在左腳之前纏即扭也

磨膝者步如拗步相似但步小腿懸腳尖点地身腿下蹲左腳膝頂靠右腳灣如相磨一般

點地步者順步拗步俱要腿懸腳尖点他取其騰挪閃轉活便若兩腳定站於他則轉動不能隨意則死腿也凡進鎗順步拗步磨膝步点地步俱不可步大必要精演此步方可進鎗偷步纏步亦要

熟演進鎗之時用即好矣

收鎗法

凡進鎗将入人懷須要将鎗向後一攄前手把定鎗褲後手把定鎗杆方可入人之懷不然鎗尖頂住如何能入他人之懷也丁步者前脚竪立後脚横立形如丁字也

六路神鎗法歌訣

首路上四平下四平蟠龍奇巧最為能葉裏藏花

誰能比與妙不與諸鎗同

二路左大腸右大腸虎豹展尾將入嚇串衣解帶

並摘扭躍身進安賊必滅

三路大亮鎗小亮鎗不遮不架進還鎗有入若破

中平鎗十八皮肉九帶傷

四路不要慌不要忙大梨花小梨花三軍對内相

爭差三愧五九須用衆這邊騰挪寔堪誇

五路大纏絲小纏絲前後轉安入难支偷身進步

無遮欄千家鎗内堪為師

六路龍出水虎奔山交鋒就用此當先變幻離奇

真可羨不遇良友莫輕傳

神鎗入式法

閒拿鎗

閒拿鎗者言使鎗有閒隙也又名始入乃初學入始之門也又名開鎗法如使此鎗必須兩人或東西立住或南北立住俱要左脚在前右脚在後丁

字步立住两手握定鎗杆左手在前右手在後扭個四平架势腿要下曲身要直竪一前圈開他人之鎗前手向前一刺後手向内一拳彼鎗自開我鎗向外畧出几寸人開我鎗我便双手齊舉後手高與前手鎗尖自然点地一門一扎一路一起前後步要推開開人之鎗前步向前一攤後步向後一跟手中鎗向前一出務要照人扎去人開我鎗後步向後一挪前步向後一退一躲人之鎗來後

圈開人之鎗前手一抑後手向外一翻鎗自然開安與前圈同人後圈開我之鎗後手高前手抵鎗尖点地安如前圈同

勾還鎗

此鎗安法手法身法腿法與間拿大同小異但速為疾也勾還者言勾開即還無間隙也

勾似咬

此鎗此勾還更疾開鎗還鎗毛不容隙身膊腿隙，

曲於地似狗咬一般故曰狗似咬諸鎗盡藏于内
乃一本萬殊之意也

踈跳鎗　内圈外圈共两鎗

此鎗雖係粗悪然勇猛可觀其勢威荗欲學此鎗
先壯身体步如丁字双手撑鎗迎鎗而往如人劈
面一鎗我即大喝一聲後手向内一拳前手一刺
两膀一愰漭的一声将人鎗閃過一边前腿一擱
後腿一蹬踈入他人懷以故曰踈跳也前圈後圈

一様使法

提路鎗　上下共二鎗

此鎗又名找鎗法比踩跳畧細一些如人照我面上一鎗我便用鎗上面一架入又照我腿上一鎗我又用鎗下面一招上面左手上面招鎗右手在下下边左手在下招鎗右手在上上下如我路一般故曰提路也

封逼鎗　左右上下共計四鎗

此鎗名四封四逼亡提路畧細一芒如人從前圈扎來我用前圈開鎗而入彼退後一步又從後圈扎來我用後圈開鎗而入彼又退後一步從腿扎來我便鎗尖壓下鎗坐朝上逼住彼鎗向內直入彼又退一步來扎咽喉我批鎗手法一身正法便入懷內了帶跳跳又好左右上下封逼更緊故曰封逼

閃轉鎗　共二鎗

此鎗人從前边扎來我〻向後一閃彼才扎空我鎗扎彼人從後圈扎來我向前一閃彼鎗又空我鎗又到彼懷人在兩边扎我向兩边閃故曰閃轉

勾縲鎗　共二鎗

此鎗全得手法如人以鎗取我而我用鎗向後一勾勾住向内一縲向外一捽故曰縲

奪扎鎗　前後兩鎗

此鎗全得身法如人用鎗取我前圈我方刺鎗而

進彼人轉在后圈来扎我身腿向下一蹲以我鎗將彼鎗向下一奪彼鎗落地我鎗直入彼懷故曰奪扎言先奪後扎也

、回馬鎗　前後二鎗

此鎗與人交鋒彼鎗力甚勇难以取勝我便回馬詐敗彼若赶來我將鎗後順覷彼將至我將向後一扭擰鎗取彼咽喉彼措手不及兩來相就極难招架乃詐敗取勝之鎗也　腿法用磨膝腿前手向

上正对咽喉後手向下鎗尖直刺彼咽喉也

遮前鎗

遮前者前圈遮架人之鎗以便使我鎗也

擋後鎗

擋後者即后圈擋住他人之鎗以便使鎗也凡鎗俱有遮前擋後如有數杆鎗在兩頭截住我便用提路找鎗法找住一頭奔出圈子方可衝敵如有數杆鎗團圓圍住亦是如此使法故曰擋後鎗

明進鎗　内外兩鎗

此鎗以我鎗刺逼他人之鎗聞声响喨方可進取此乃寅夜交鋒也又曰托鎗逼住人鎗明白攢入懷曰明進

暗取鎗　内外兩鎗

如寅夜交鋒不見人鎗用提路找鎗法自上而下一提响聲即聞倉可進矣又曰二人交鋒身法下蹲探手取入曰暗取言不用入懷内也

推錯鎗　内外二鎗

此鎗前圈鎗來双手齊陰向前一刺曰推后圈鎗來前手一拳身向下臥曰錯小梨花非此不能破也

蟠龍鎗　内外兩鎗

此鎗后圈鎗來身腿向下一蹲前圈鎗來將身一抖向外一推上下如龍之蟠飛騰跳躍曰蟠龍大莉花非此不能遮架

轉安鎗　內外兩鎗

我與人交鋒方使前圈彼圈鎗忽轉於後圈欲要取我專視彼鎗方欲轉動我鎗向外疾速一出必中彼手言彼欲轉鎗取我而我安然無事彼反取敗故曰轉安

直進鎗　內外二鎗

無論前圈後圈設以人鎗來取我我並不用振手逼人之鎗迫將身法担側至平至直抱鎗竟入彼

懷名為鎗裡藏身此鎗比諸鎗更細大非尋常也

騰挪鎗　外圈一鎗

人若從外圈取我前手我將身手向下一沉彼鎗扎空我便兩手一抖從彼鎗下偷過我鎗彼鎗讓在內圈將身一起鎗入彼懷此亦最細之鎗也

迎風鎗　前後兩鎗

彼雖執鎗在手未嘗來扎而我托鎗直入彼雖遮架不能免吾入怀此迎鎗而入故名迎風鎗

追風鎗　前後兩鎗

如在前圈方進彼往後退此乃誆身之計也我必留神小心仍向前直追彼若將鎗變於後圈不可輕進只將身向下曲專視其鎗來如過閑方可進如不過閑不可轉進務要待彼之鎗將全吾身便將身一起鎗入於彼懷彼逾退逾追故名追風

上平鎗　二仁鎗

此乃賺鎗也双手拏鎗與肩相平內藏龍水

中平鎗　諸鎗俱藏於内

双手拿鎗身寸腿蹲緊貼胸前諸鎗皆從此所出

下平鎗　二鎗

双手拿鎗担於腹下身寸退蹲外藏硼鎗内藏虎奔山鎗

大亮鎗　二鎗

左脚大上一步腿曲身伏内藏虎奔山鎗外藏硼鎗

小亮鎗　二鎗

将左脚大步一収脚尖点地身寸腿蹲如中平鎗一般

左大腸鎗　三鎗

双手齊陽后手畧高前手畧低鎗尖畧垂前脚尖点起身腿下蹲内藏虎豹剪尾與根硼

右大腸鎗

火上一掬步脚尖点地身腿蹲曲内藏虎奔山鎗

自上平至此皆故邁破經誰人之法也

大莉花鎗　前後兩鎗

入前圈遮架陽手串于後圈後圈遮架串于前圈前後亂圈串兩膀愰動準照咽喉與囟門此非蟠龍不能遮也

小梨花鎗　二鎗最細之鎗

入前圈招架陽手串于後圈後圈招架陰手串于前串前後亂串準刺手背于虎口此非推踏不能

架也

大纏絲鎗　二鎗

此鎗亦是陰手陽手前後乱串但前圈前后手推開後圈前后手張開大大壓住他人之鎗準刺兩脇前後一樣使法攬來攬去如相纏連接不斷任人招架再不得開故纏絲前圈以離奇鎗破之后圈一破變幻鎗破之此二鎗非離奇変幻鎗不能擋也

小纏絲鎗　二鎗

此鎗與大纏絲同但推手振手畧小些小小壓住他人之鎗準刺手腕與肘前圈以葉裡藏花破之後圈以精微與妙鎗破之

龍出水鎗　二鎗

如使前圈将身抖起将鎗一托又将身向下一臥将鎗霎的一出取人最疾后圈亦然如龍出水中也

虎奔山鎗　二鎗

此前圈入之鎗來將后手向裏一卷前手一陰兩膀一愰譁朗一開名曰虎偃尾一步躐入被懷后圈入之鎗來后手向外一扭前手向內一拳身腿向下一蹲彼鎗開在一邊一步躐入彼懷似虎上一伏而上也

摘扭　前后二鎗

三法純熟鎗學精微托會立入人懷用叔鎗法前

手握住鎗以之下用指逼從鎗鋒將項下扭摘而下不傷皮肉為奇

解帶鎗

此鎗只有前圈一鎗亦是入人之懷手逼鋒以以鎗尖挑入項下帽帶向外一割即斷皮肉不傷為奇

離奇鎗　二鎗

此鎗可破大纏絲如人前圈來扎大押我鎗我身

手下沉彼鎗過、関我便一逼就進入懷內言入以
奇鎗取我而我能離彼之奇也

変幻鎗

比鎗可破大纏絲后圈如入後圈來扎大押我鎗
将鎗向上鞠向外一攘我即入人懷言人以奇鎗
取我而我能変幻也

不避不架鎗　二鎗

言入果能鎗裏藏身任人如何扎而我自不用避

架便能進乎

不慌不忙鎗　二鎗

如果鎗能藏身任人如何凶惡而我自不懼

精微奥妙鎗　二鎗

如人從後圈少壓我鎗扎來我鎗欲翻恐硼他鎗我鎗少停彼必躍身而進速用拈轉法以進彼鎗彼鎗若不變我便直入彼鎗若變前圈少壓我鎗而進即速用抽鎗法將我鎗向後以收即抽鎗法

也如彼鎗在我身外将近身已至我便身手向下一沉彼鎗必然過閃可稱机而進此乃棋逢对手也此破小纏絲后圈法也言彼鎗精微我以與破之也

葉裏藏花鎗　二鎗

如人從前圈火壓我鎗扎來我只身手下沉似歎敵一般彼鎗将至吾身我用陽手变為陰手一挑而進彼又变于後火押己鎗扎來我速用拈轉手

法一拈就刺彼若不妨長便竟入彼若妨備定以硼鎗破之此乃破小纏絲前圖也此乃棋逢對手之鎗也此言其如菓中藏花也

勾似咬鎗

諸鎗精熟當求一貫之法必精演此鎗將諸鎗貫通于内愈習愈精乃萬殊之一本之意也必如此則神鎗可謂盡矣哉

枪论校释

易筋经序【外『五虎断门、大小梨花、枪法宗要』三部】〔一〕

后魏孝明帝太和年间，达摩〔二〕大师自梁适魏，面壁于少林寺。一日，谓其徒众曰：『盍各言所知，将以觇〔三〕乃诣。』众因陈其进修。师曰，某得吾皮，某得吾骨，某得吾肉，惟与惠（慧）〔四〕可曰：尔得吾髓矣。后人漫解之，以为入道之浅深云尔，盖不知其实有所指，非漫语也。

迨〔五〕九年功毕，始化（示化）〔六〕，葬熊耳山，却乃携只履西归。去后，面壁处碑砌坏于风雨，

〔一〕此序文内容与西谛本易筋经义（后文简称『西谛本』）之易筋经义序相似度很高。所参考的西谛本来自2014年人民体育出版社出版的周伟良编著的〈易筋经〉四珍本校释一书，后文不再一一注明。

〔二〕达摩，菩提达摩的简称，相传为南印度人，禅宗的创始人。南朝宋末到广州，曾至金陵与梁武帝谈佛不契，遂渡江北上至洛阳传布禅学，后卓锡嵩山少林寺，据说在此面壁九年。后传衣钵于慧可，授以楞伽经四卷及其心法。梁、魏是古地名，梁在今河南省开封市一带，魏在今山西省西南部和河南省北部一带。

〔三〕觇，据说文·见部载，『觇，窥也。』有窥视、查看之意。据字汇补·见部载，『觇，音稽。』有稽考之意。（汉语大字典编辑委员会编纂汉语大字典：九卷本，崇文书局，二〇一〇，第三九〇八页。）

〔四〕惠，古文中通『慧』字。后同。

〔五〕迨，等到。

〔六〕始化，西谛本作『示化』，当是。

少林寺僧修葺之，得一铁函，无封锁，有际〔一〕会，百计不能开。一僧名惠（慧）可者悟曰：『是必胶漆之固也，宜火炙之。』函遂解，乃熔蜡满注而四着故也，得所藏经二帙，一曰洗髓经，一曰易筋经。洗髓者，谓人之生感于爱欲，一落有形，悉皆泽秽。欲修佛谛，动障真如，五脏六腑、四肢百骸，必先一一洗涤净尽，纯见清虚，方可进修，入佛智地〔二〕。不由此经，进修无基，无有是处。读至此，然后知向之所谓『得髓者』，非漫□（语）〔三〕也，非壁（譬）〔四〕喻也。易筋经者，谓髓骨之外、皮肉之内，莫非筋膜联络周身，通行气血。凡属后天，皆其提挈，借假修真；匪斯勷（襄）〔五〕赞，立见颓靡。视作泛常，曷臻〔六〕极至？舍是不为，进修不力，无有是处。读至此，然后知向之所谓皮、肉、骨者，非壁（譬）喻也，非漫语也。洗髓经帙归于慧可，附之衣钵〔七〕，共作秘传，后世罕见；惟易筋经，留镇少林，以永师德。

〔一〕际，据广雅·释诂二载，『际，合也。』表示合缝的地方。（汉语大字典编辑委员会编纂汉语大字典：九卷本，第四四七〇页。）

〔二〕入佛智地，指一种参禅悟佛的境界，如金刚三昧经曰：『是人则为入佛智地，能以方便教化众生。』

〔三〕原文字迹模糊，西谛本作『语』字，当是。

〔四〕壁，据文义，应为『譬』字之误。后同。

〔五〕勷，据文义，当作『襄』字。

〔六〕曷，疑问代词，难道；臻，到、达到。

〔七〕据普济五灯会元卷一所记，达摩临终前授慧可袈裟『以为法信』之外，复授楞伽经四卷，并云：『即是如来心地要门，令诸众生开示悟入。』因此，序文中的『洗髓经帙归于慧可，附之衣钵』，显然由此演绎而来。

第〔一〕其经字，皆天竺文，少林诸僧不能遍译。间或译得十之二三，复无至人〔二〕口授秘传，遂各逞己见，演而习之，竟趋旁径，落于技艺，遂失作佛家真正法门。至今，少林僧众仅以角艺擅长，是得此经之一班（斑）〔三〕也。众中一僧，具超绝识。念达摩大师既留圣经，宁惟小技？今不能译，当自有译者。乃怀经远访，遍历山岳。一日，抵蜀，登峨嵋山，得晤天竺圣僧般剌密谛，言及此经，并陈来意。圣僧曰：『佛祖心传，基先于此。然而，经文不可易译，佛语渊奥也；经义可译，超凡达圣也。』乃一一指陈，详译其意。且止〔四〕僧于山，提挈进修。百日而凝固，再百日而充周，更百日而畅达，得所谓金刚坚固地。驯此入佛智慧地，洵〔五〕为有基助矣。僧志坚精，不落世务，乃随圣僧化形海外，不知所之。

后，徐洪客〔六〕遇之海外，得其秘谛。授于虬【音求】髯客〔七〕，转授于余。尝试为之，辄有奇验，始信佛语真实不虚。惜乎未得洗髓之秘，不能游观佛境；又惜立志不坚，不能如僧不落世务，乃仅借六花小技，以勋伐终，终怀愧悔也。

〔一〕第，古文连词，有『但是』之意。如明代高启的书博鸡者事曰：『第为上者不能察，使匹夫攘袂群起以伸其愤。』

〔二〕至人，古代用以指思想道德修养达到至高境界的人。如荀子·天论曰：『故明于天人之分，则可谓至人矣。』

〔三〕班，古文中通『斑』字。

〔四〕止，留其栖息。

〔五〕洵，诚然、的确。如诗经·陈风·宛丘云：『洵有情兮，而无望兮。』

〔六〕徐洪客，又叫徐鸿客，隋代道士。

〔七〕虬髯客，为唐末五代『道门领袖』杜光庭所撰虬髯传中的传奇人物。

然而，此经妙义世所未闻。仅述其由，俾知巅末。企望学者务期作佛，勿效区区〔一〕，但作人间事业也。若果能成佛，乃不负达摩留经之意，亦不负余传此经之意。若曰神勇足以名世，则古之以力闻者多多矣，奚足录哉？

大唐贞观三年春三月谷旦〔二〕

太原李靖药师甫识

后，郭子仪得此经，习之有效。【见旧本增序】

〔一〕区区，自称的谦辞。

〔二〕谷旦，良辰，美好的日子，古时作吉日的代称。

易筋经目录

易筋经总论

般剌密谛谛（译）〔一〕曰：世尊〔二〕大意，谓学佛乘者初基有二：一曰清虚，二曰勇往。清虚，无障；勇往，无懈。不先辨此，进道无基。清虚维（为）〔三〕何？洗髓是也；勇往为何？易筋是也。易者，变也；筋者，劲也。原夫人身骨髓以外、皮肉以内，四肢百骸，无处非筋，无劲非筋，联络周身，通行血气，助益精神，提携动用。试观筋弛〔四〕则痪〔五〕，筋挛则瘈〔六〕，筋靡〔七〕则痿〔八〕，筋弱则懈，筋绝则亡。再观筋壮者强，筋舒者长，筋动者刚，筋和者康。以上皆由内赋于天，外感于病，或盛或衰，皆由功修，自成诸壮（状）〔九〕。

今以人功变弱为强，变柔为刚，变衰为康，易之力也，身之利也，圣之基也。立命在我，此其一端。

〔一〕谛，据文义，应为『译』字之误。

〔二〕世尊，为佛教对释迦牟尼的尊称。此尊称原为婆罗门教对长者的尊称，后为佛教沿用。隋代慧远的佛说无量寿经义疏曰：『佛备众德，为世钦仰，故号世尊。』

〔三〕维，西谛本作『为』字，当是。

〔四〕弛，废弛。

〔五〕痪，瘫痪。

〔六〕瘈，瘈疭，中医指痉挛，抽风。

〔七〕靡，细腻。

〔八〕痿，身体筋骨萎缩、偏枯。

〔九〕壮，西谛本作『状』字，当是。后同。

然而，功有渐次，法有内外，气有运用，行有起止。以至药物器制，节候岁月，及夫饮食起居，征验始终。务宜先办信心，次立肯心，奋勇往心，坚精进〔一〕心，如法行持〔二〕，进而不懈，无不立跻〔三〕圣域也。

膜〔四〕论

骨髓之外，皮肤之内，以至五脏六腑，四肢百骸，无处非筋，亦无处非膜。膜较于筋，膜为稍软；膜较于肉，膜为稍劲。筋分条缕，半附骨肉；膜则周遍，附着骨肉，与筋有分，其壮（状）若此。炼筋则易，炼膜则难。盖修炼之功，以养气为主。天地生物，气之所□（至）〔五〕，百物生焉。修练（炼）〔六〕气至，筋膜齐坚。

然而，金（筋）〔七〕体虚灵，气至则起；膜体沉浊，气不倍充，不能起发。炼至筋起之后，必宜

〔一〕精进，佛教中的『六波罗蜜』（亦称『六度』）之一，据唐六典卷四所记，『六度』分别为：布施、持戒、忍辱、精进、禅定和智慧。

〔二〕行持，原为佛教用语，乃精勤修行、持守佛法戒律之义，这里指修炼。

〔三〕跻，上升、登上及达到之义。

〔四〕膜，动物体内的薄衣状组织。

〔五〕原文字迹模糊，据文义，疑为『至』字。

〔六〕练，据文义，当作『炼』字。

〔七〕金，西谛本作『筋』字，当是。

倍加功力，务使周身膜皆腾起，与筋齐坚，外着于皮，并坚其肉，始为气充，始为了当[一]。否则筋坚无助，譬如植[illegible]（物）[二]，无土陪（培）[三]，非为全功。

内壮论

内与外对，壮与衰对。内与外较，外可略也。壮与衰较，壮可欣也。盖内壮言道，外壮言勇。道植圣基[四]，勇仅[illegible]（俗）[五]务，隔霄壤[六]矣。

凡炼内壮，其则有三。

一曰此道炼法，专于积气，下手之要，妙于用揉。揉法详后。凡揉之时，解襟[七]仰卧。手掌着处，在心坎下胸腹之间，即名曰『中』。维（惟）[八]此『中』，乃积气之地，应须守之。须含其眼光，凝其耳韵，匀其鼻息，缄其舌气，四肢不动，一意冥心，存想中处。先存后忘，渐渐至于如不动，是名曰『守』，

〔一〕了当，完毕、结束。

〔二〕[illegible]，据文义，应为『物』字之误。

〔三〕陪，据文义，应为『培』字之误。

〔四〕道植圣基，其义是『道』可构筑进入超圣脱凡境界的基础。

〔五〕[illegible]，此字难以识别，据文义，疑为『俗』字。

〔六〕隔霄壤，即霄壤之别，比喻两者之间的差别极大。

〔七〕襟，古指衣的交领，后指衣的前幅。

〔八〕维，据文义，当作『惟』字。

是云合式。盖揉在于是，则一身之中，精气与神俱注于是。久久积之，自成无边无量功德。设有杂念纷纭，驰想世务，神气随之而不凝注，虚此揉矣，无有是处。

一曰意物（勿）〔一〕外驰。人身中之精神、血气不能自注，悉从于意，意行则行，意止则止。守中之时，一意掌下，是为合式。设或驰念一掌之外，或又驰念于各肢体，其所凝积精气与神，遂即走散于肢体，即成外壮，而非内壮矣。揉而不积，虚所揉矣，无有是处。

一曰待其充周。凡揉与守，所以积气。气既积矣，精神、血脉悉皆附之。守之不驰，揉之且久，气惟中蕴而不旁溢。真积力久，自然充满周遍，即孟子所谓『至大至刚，塞乎天地之间』者，是为浩然之气也。〔二〕设未及充周，驰意外走，散于四肢，内壮亦不坚，则外勇亦不全，两无是处。

揉法

谚语有云：『筋骨磨砺，而后能壮。』惟此揉法，磨砺之意也。其则有三。

一曰春月起功。盖此练法太（大）〔三〕约三段，每段百日。初旬功时，必须解襟；次段功夫，必

〔一〕物，据文义，应为『勿』字之误。

〔二〕此语出自于孟子·公孙丑上，原文为『曰：「敢问何谓浩然之气？」曰：「难言也。其为气也，至大至刚，以直养而无害，则塞于天地之间。」』

〔三〕太，据文义，应为『大』字之误。

须现身〔一〕，宜取二月中旬；下功为始，向后渐暖，乃为通便。

一曰揉有定式。人之一身，右气左血。凡揉之法，宜自右边推向于左，是推气入于血分，使之通融。又取胃居于右，揉令胃宽，能多纳气。又取揉者右掌有力，使用不劳。

一曰揉宜轻浅。凡揉之法，虽曰人功，宜法天象。天地生物，渐次不骤，气至自生，候至物成。揉者之法，但取推荡，徐徐来往，勿重勿深，久久自得，是为合式。设令太重，则伤皮肤，必生瘢（瘢）〔二〕痱；太深，则伤肌肉，筋膜必生肿热，两无是处。

日精月华

太阳之精，太阴之精，二气交融，始生万类。古人知之而善咽之〔三〕，久皆仙〔四〕去，其法秘密，世人皆莫之知也。况无坚志，且无恒心，是谓负居诸〔五〕也。行内炼者，自初功始，迨夫成功，以至终身，无论忙间（闲）〔六〕，不拘时候，而此采咽精华之功，不可间断。盖取阴阳精华益我神智，浊滞渐消，

〔一〕必须现身，在此似指练功者须将外衣脱去，故后文特注明『宜取二月中旬』。

〔二〕瘢，据文义，当作『瘢』字，即皮肤上生斑点的病。

〔三〕古人知之而善咽之，其意为古人知晓了阴、阳二气化生万物的道理后，善于吞咽前面所说的日精月华之气。

〔四〕仙，东汉刘熙的释名·释长幼曰：『老而不死曰仙。』

〔五〕居诸，光阴。

〔六〕间，据文义，当作『闲』字。后同。

清灵日长，万病［不生］〔一〕，良有大益！

采咽之法，日取于朔〔二〕，谓与月初交，其气新也；月取于望〔三〕，谓金水盈满，其气旺也。设朔、望日值有阴雨，或有不暇，则取初二初三日、十六十七日，过此六日，虚而不取可也。〔四〕取日于朔，宜初出之时登高默对，调匀鼻息，细吸光华，令满一口，闭息凝神，细细咽下，以意送之，至于中宫，是谓一咽。如此七咽，静守片时，然后起行。望取月华，亦准前法，于戌（戌）〔五〕、亥、子采咽七口，此乃天地自然之利。惟有恒者，能享用之；亦惟有信心者，乃能取之。

〔一〕不生，据西谛本所补。

〔二〕朔，即朔日，阴历每月初一为『朔日』。

〔三〕望，即望日，通常指阴历每月十五日。

〔四〕文中所记，与北宋张君房编云笈七签卷二十三中辑录的『服气』诸法非常相似，其中的『大方诸宫服日月芒法』曰：『恒存日在心中，月在泥丸宫。夜服月华，如服日法』（大方诸宫，指道教理想中的仙境）；『服日月六器法』曰：『若存月，当以月一日夜至十五日住，从十六日至三十日是月气衰损，天胎亏缩，不可以夜存也。此法至妙，能行者仙。』

〔五〕戌，应为『戌』字之误，据干支次序表所致。

服药法

炼壮之法，外资〔一〕于揉，内资于药。行功之始，先服一丸，约药入胃将化之时，即行功夫。揉与药力两相迎凑，乃为得法；过与不及，皆无益也。行功三日，服药一次，照此为常。

内壮丸药方

野蒺藜〔二〕【杵去刺炒】，白茯苓〔三〕【去皮】，白芍药〔四〕【炒】，熟地〔五〕【酒煮捣膏】，甘草〔六〕【蜜炙】，朱砂〔七〕【研细水飞】，以上六味各一两。人参〔八〕【去芦，二钱】，白术【土炒】〔九〕，全当归〔一〇〕【酒拌晒□】，川芎〔一一〕【大者，各八分】，上药为末，炼蜜为丸，桐子大，每服三钱，

〔一〕资，凭借。
〔二〕蒺藜，中药名，具有平肝解郁、活血祛风、明目和止痒等功效。
〔三〕白茯苓，疑为白土茯苓，中药名，具有清热解毒的功效。
〔四〕白芍药，即白芍，中药名，具有养血和营、缓急止痛及敛阴平肝等功效。
〔五〕熟地，即熟地黄，中药名，具有补血滋阴、益精填髓等功效。
〔六〕甘草，中药名，具有益气补中、祛痰止咳、解毒、缓急止痛等功效。
〔七〕朱砂，中药名，具有清心镇惊、安神、明目、解毒等功效。
〔八〕人参，中药名，具有大补元气、复脉固脱、补脾益肺等功效。
〔九〕白术，中药名，具有健脾益气、燥湿利水、止汗及安胎等功效。所谓『土炒』，是指传统中药炮制方法之一。
〔一〇〕当归，中药名，具有补血活血、调经止痛及润肠通便等功效。
〔一一〕川芎，中药名，具有活血行气、祛风止痛等功效。

或汤酒下。一云多品合丸，其力不专，另有三方任用。

一方：野蒺藜【炒去刺】、甘菊花各四两，研末炼蜜为丸，桐子大，每服三钱，服之。

一方：白茯苓去皮为末，松香米泔水煮十遍，研细炼蜜为丸，服之。

一方：朱砂，水飞，每服三分，蜜水调下。

荡洗药水法〔一〕

行功之时，频宜荡洗。

法用：地骨皮〔二〕、食盐各量，入水煎，乘热荡。〔三〕

枪论

论出处

枪法，一人敌也；兵法，万人敌也。有志于此者，当熟读孙吴〔四〕，深明韬略，不可徒以此终身也。吾愿学者，于平居时清心寡欲，精求奥妙。兵法、枪法以至于入神之地，更兼之以诚待人，以

〔一〕目录作『荡洗药水方』。
〔二〕地骨皮，中药名，具有凉血除蒸、清肺降火等功效。
〔三〕以下再无易筋经相关内容，应有散轶或缺失。
〔四〕孙吴，指代孙子、吴子，两人分别著有兵书孙子兵法与吴起兵法，为后世兵家所推崇。

和接物，无轿（骄）〔一〕无卑。其见用也，可以立功名、成事业，上筹国计，下保民生，拨乱反正，救患持危；其不用也，则隐居山林，读书佩剑，防身防心，石室虽小，别有乾坤。古人云：『三尺剑，五车书〔二〕，一炉香居。』陋室铭曰：『君子居，何陋之有？』〔三〕

论神情

用兵之道，贵乎前知，枪法亦然。敌欲动而神先告我，或向左，或向右，或进或退，或虚或实，观其神情，可以前知，迎其机而破之，斯为得法。若不察其神情，何由知彼心之向往而预为之备；待枪以（已）〔四〕发，从其后而追之，必不及矣。传曰：『凡事豫（预）则立，不豫（预）则废。』〔五〕不信然乎！

论贪胜

从来虚则难攻，实则易破。若夫彼虚而我实，则性贪矣。贪则力猛，猛则出乎无节，敌枪一变，手足无措，虽有知术，亦无所施。剑有渔郎问津，枪有逍遥战杆，皆不贪之道也。

〔一〕轿，据文义，疑为『骄』字之误。

〔二〕五车书，语出庄子·天下：『惠施多方，其书五车。』后用以形容读书多，学问渊博。

〔三〕陋室铭，唐代诗人刘禹锡所撰，结尾一句实为：『孔子云：何陋之有？』

〔四〕以，古文中通『已』字。

〔五〕豫，据文义，当作『预』字。『传曰：「凡事豫（预）则立，不豫（预）则废。」』一句，出自于礼记·中庸，中庸为四书之一，此处称传，不知何指。

论胜败

未出在我，巳（已）〔一〕出在人。虽手眼清白，出手老成，亦难保必胜。即曰：『无（吾）〔二〕法甚善，安知无更善于我者？吾艺甚精，安知无更精于我者？且生克有一定之理，天地原无必胜之数，安得曰「有胜而无𢦏（败）〔三〕」？要之，胜败难必在乎虚巳（已）〔四〕而巳（已）』。法曰：我败心宜静，我胜气莫浮，□□心法十三篇，大意不外乎此。

论刚柔

力有刚柔。刚柔之用，柔居其九，刚居其一，但刚力一用，不过转瞬之时，即便为柔。盖以柔之屈身（伸）〔五〕反复易，刚之屈伸返（反）〔六〕复难也。不然，刚久非刚，反成掘（倔）力〔七〕，敌枪一变，无可如何矣。故曰：过刚则折，此之谓也。

或曰：『可以柔则独用柔，可以刚则独用刚乎？』曰：『非也。柔不离刚，刚不离柔，彼此原有济耳。』曰：『何以相济？』曰：『用柔之时，心存乎刚力，是外柔而内刚也；用刚之时，存乎柔力，是

〔一〕巳，据文义，当作『已』字。后同。
〔二〕无，据上下文，似为『吾』字之误。
〔三〕𢦏，此字难以识别，据上下文，疑为『败』字。
〔四〕巳，据文义，应为『已』字之误。
〔五〕身，据上下文，似为『伸』字之误。
〔六〕返，据文义，当作『反』字。后同。
〔七〕掘，据文义，当作『倔』字。倔力，即生硬之力。

斯得相济之妙矣！外刚而内柔也。刚中有柔，柔中有刚，刚柔相引，缠绵之地，而莫窥其离合之迹，若柔中无刚，则失之软；刚中无柔，则失之劲也。』

论虚实

枪之虚实，全在乎心，不在乎形。心若虚，形虽实亦虚；心若实，形虽虚亦实。枪虽深入，心防蔽变，彼若转动我能随，不亦实而虚乎？入即不深，视为必胜，有进无退，敌势忽变，束手无策，不亦虚而实乎？传曰：『见可而进，知难而退。』〔一〕

论自新

枪法甚多，难以概论。一枪之中，或色一二，或色二三，以至于十，必新自枪中推出，枪外之枪，法外之法，以至于无影无形。然后，临时见机，变化无穷，知五行自然之生克，达阴阳消长之妙用，一动一静，无不合宜，岂能口传？初学固是不能，功久自知妙用。经曰：『温故而知新，可以为师矣。』〔二〕

论身法不可执一

枪之最要者，手法固要灵活，身法亦不可执固。故身必忽曲忽直，忽近忽远，忽大忽小，忽进忽退，身法如电，运步如飞，有时若大鹏展翼，有时若猿猴入洞，虚活灵动，方云活法。若拘拘以大小定胜负，

〔一〕『见可而进，知难而退』的意思是根据实际情况决定是进攻还是退却，语出左传·宣公十二年：『见可而进，知难而退，军之善政也。』

〔二〕『温故而知新，可以为师矣』的意思是在温习旧知识时，能有新体会、新发现，就可以当老师了。语出论语·为政。

执矣。故曰：勿守株以侍（待）〔一〕兔，当临时以致宜。

论初学不可腊等

予仰体前人之意，不欲私之于巳（己）〔二〕，欲以公诸同志者，岂非好之之念甚诚广，而大之之念甚切也哉！不揣谬为叙言，聊以述其初且浅者，若夫精微之旨，不可以言语形容者，尚有多端。姑著此论以示人，业是者诚即此而推广之，由浅入深，由粗入精，则精微之妙用，亦即于此而得之矣。故将奇、段二法开列于后，后之学者当熟[illegible]（习）〔三〕之，细思之，循序而进之，不可视为末艺而忽之。传曰：『辟如行远必自尔（迩）〔四〕，辟如登高必自卑。』〔五〕

论枪法不可滥传

闻之『有文事者不可无武备』。吾固欲以此术公诸天下，传之后世者，但损人之术不可不传，又不可不择人而传。法曰：不忠不孝者不传，不义不仁者不传，无礼无信者不传，好勇性贪者不传，不

〔一〕侍，古文中通『待』字。

〔二〕巳，据文义，应为『己』字之误。

〔三〕[illegible]，此字难以识别，据文义，疑为『习』字。

〔四〕尔，据文义，当作『迩』字。

〔五〕『辟如行远必自迩，辟如登高必自卑』出自礼记·中庸，原文是：『君子之道，辟如行远，必自迩，辟如登高，必自卑。』意思是君子实行中庸之道，就像走远路一样，必然从近处开始；就像登高山一样，必然从低处起步。此处借指枪法之道也要循序渐进，自浅入深，逐渐进步。

谨不慎者不传。古人云：教人不善，罪坐于师。孟子云：『善战者服上刑』〔一〕，不可慎哉？

论工夫

枪法虽属小道，不专心致志必不能成。后之学者必用百至于千之功，方不负吾留法之意；又必返（反）复思意，方知立意深远，有言一遗百之憾。惜乎不能静（尽）〔二〕载于纸，以为后世伐（筏）〔三〕也。古人云：枪法巳（已）成，口不能明。诚哉，是言也！又云：我身有病是资敌，心存诚见彼人斯；不学空化难为守，工夫不到终是迷。

论势法

未有势法，先有此理。故势有善有不善，理顺则无不善之势；法有精不精，理顺则无不精之法。是以善学者务要先明其理，理通而势法自无弊矣。

扎枪歌

劝君对伊莫慌忙，持枪平稳把身藏。反正左右刺虎口，劈打勾挂不寻常。

闪转交接加仔细，托□□掗得人强。顺手枪刺顺手枪，底龙还是底龙伤。

外枪闪，里枪截，三星聚，凤摆头。进则当，退则遮，总有扫地也不怯。

〔一〕『善战者服上刑』的意思是好战的人应该受重的刑罚。语出孟子·离娄章句上：『故善战者服上刑，连诸侯者次之，辟草莱、任土地者次之。』

〔二〕静，据文义，应为『尽』字之误。

〔三〕伐，据文义，疑为『筏』字之误。筏，这里喻指学海之舟。

挑也挑，掗也掗，加上捖手也不怕。挍也挍，转也转，黄龙战杆龙出现。迟刺快，快伤迟，大小吃力用心习。滚也滚，拿也拿，上去挑下去搟（划）〔一〕刺。当胸点咽喉，下趋脚，上撩眉，两膝两胁紧相随。外点遍体梨花枪，内藏〔二〕十面埋伏客。佛留禅丈（杖）〔三〕似虎狼，壮士习熟定家邦。江湖周游无敌手，天下扬名第一枪。四枪加八滚，照得敌人准。妖魔俱害怕，祖师也寒心。

战断

逍遥战竿（杆）〔四〕最高强，退步搭枪似夺枪。撑按随驼遂便用，左右两分其中藏。千枪万枪皆有战，无战如同纲（网）〔五〕无网（纲）〔六〕。降龙一帕虽能破，粘着不动便无妨。一言难尽其中妙，学者当用揣摩方。

战者，即粘住彼枪之谓也，不妨彼进亦不令彼出。彼若摘枪欲刺，即承其将摘而刺之，百发百中。此断，乃诸法之大纲，故首列之。

〔一〕搟，据文义，当作『划』字。

〔二〕『内藏』两字旁有『心也』二字，疑为此书收藏者的自注。

〔三〕丈，据文义，当作『杖』字。

〔四〕竿，据文义，当作『杆』字。后同。

〔五〕纲，据文义，当作『网』字。

〔六〕网，据文义，应为『纲』字之误。

起形断

起形一断亦最精，借发（法）〔一〕淡法在其中。内外两门可并用，须防底驼刺前胸。

彼用驼来我用奇，歪身进枪便成功。

奇门者，即傍门也。奇枪即傍枪，或歪身，或调步，即能成功。

平断

中门须用平断抢，一送一领最高强。若用搬枪来破我，自吊一枪将他伤。

转身一扭牛望月，天边摘月自无妨。摘月，是扎眼。

奸断

奸断当破四平枪，一接一送最难防。左右两边遂机用，解围须得用奇枪。

天边摘月向右转，还有向左转一枪。无名，口授可也。

力断

首抵金枪五断扬，退手躲步如左乡。青龙入洞快着走，囚地金龙头上刨。

火龙三掇魂飞散，柔刚一滚神自荒。此时要问和解计，下边须用立水枪。

内藏奇枪一套，难柱（注）〔二〕，口授可也。

〔一〕发，据文义，似为『法』字之误。

〔二〕柱，据上下文，疑为『注』字之误。后同。

穿堂断

一接一挫号穿堂，挫时最怕遇截枪。半进半留藏妙用，接若来时用奇枪。

流星赶月

流星赶月名缠丝，缠住彼枪不放出。出头一视来伤我，邪（斜）〔一〕扎定南即破之。

飞断

斜步一跃到身傍，足未落地横进枪。要知此枪如何破？鹞子挟胸最相当。

悠断

悠来悠去战竿（杆）长，上下恍动使人忙。纵有多枪来敌斗，悠中带指俱被伤。

梨花断

梨花万点乱纷纷，一拧三花惊人魂。要破此枪老里去，去时须防奇枪根。

大蟒摇头

大蟒一动步横挪，左右摇来难捉摩（摸）〔二〕。揭腕恰似龙吸水，一进便退奈我何。

〔一〕邪，据文义，当作『斜』字。后同。

〔二〕摩，据文义，应为『摸』字之误。后同。

哪叱（吒）〔一〕枪

风火轮枪敌多人，步大枪摇左右轮。锭甲一锥遂便用，一枪下去追人魂。

退步翻纂来取手，我用扫堂棍一根；飞身跃起急刺肋，身转纂翻向后心。

龙形

持枪叒（严）〔二〕稳把身藏，五虎断散名自扬。金纂一动龙三献，蜈蚣钻地浑身忙。

独龙取水扬头去，鹞子翻身向后张。双手一捕龙变虎，神仙难躲这一枪。

要得死里求生计，左脚横蹄急进枪。彼用歪身来闪过，二人齐起两无伤。

凤凰出榜

凤凰出榜枪最疾，搭似落枝起登枝。童子献书来截我，歪身枪进自欲如。

虎形

势恶莫若虎形枪，忽伏忽起最雄强。但怕锥枪将肩刺，伏时须要紧提防。

长枪

长枪不与他枪同，一弹一接气运中。彼枪若有横力出，自吊一枪便成功。

此是扎细枪之法，若用扎粗枪，反受其害。

〔一〕叱，据文义，应为『吒』字之误。后同。

〔二〕叒，此字难以识别，据文义，疑为『严』字之误。后同。

凡学枪者，既入吾门，即吾弟子也，当听吾言：一不可粗心；二不可间断；三不可自高；四不可半途而废；五不可悍不知文，不知文则理不明，不惟不能知为将之道，而枪法亦终不能精。故必济之以学文，以穷其理。则智者可以知五行之生克，四时之序行，人事之感应，世运之兴替；凡消长制化之理，进退存亡之道，吉凶祸福之机，无不洞若观火，料敌致胜，不过余事耳！遇事者亦足以随事察理，拨砂拣金，淘出半隙之明，以识趋避之机，以保身保家，亦所优为。如是，则枪法不求精而精矣，不求巧而巧矣。

昔柔（承）[一]桑氏之君，修德废武，以灭其国家；有扈氏[二]之君，恃众好勇，以丧其社稷。吾是以为，危难之际不可忘文事，平安之时不可废武备！

勉之，慎之，勿自灰[三]其志也！

剑法

迎门大劈，进步斩腕，则以锁眉破之；退步斩腕，则以飞揭破之。

左删法

白鹤舞风，穿腮，观音救苦，右删，白鹤舞风，横结，金风吹蝉，巧鲤化龙，出擘，白鹤舞风，

〔一〕柔，据文义，应为『承』字之误。

〔二〕有扈氏，古部落名，姒姓，是夏代时期的一个部落，传说禹时就曾发生过『攻有扈』『以行其教』的战争。所以史记·夏本纪有『有扈氏不服，启伐之，大战于甘』的记载。

〔三〕灰，这里指消沉、失望。

孤立中庭，青龙摆尾，左删，巧手化龙，六合无踪，白鹤舞风，横结，点手唤将，金蝉脱壳，右删，六合无踪，巧手化龙，左右传，出辟，勒马观风，斜阳西坠，顺风拔旗，黄龙转身，勒马观风，斜阳西坠，古树盘根，一点□金，迎门大劈，凿山求钊（剑）[一]，浩然折梅，外窥中原，白鱼跃浪，古木卧平砂，古树盘根，张公分酒，白猿摘桃，穿山求贤，金鱼跌子，点手唤将，金蝉脱壳。

剑诀歌[二]

电挈昆吾晃太阳，一升一降把身藏【左右四顾四剑】。

摇头进步风雷响，滚手连环上下防【开右足一剑，进左足一剑，又左右各一剑，收剑】。

左进青龙双探爪【缩退两步开剑，用右手十字撩二剑，刺一剑】，右行单凤独朝阳【用左手一刺，挑（跳）[三]进二步，左右手一挑，左右各一盖，右手一门转步，开剑作势】。

撒花盖顶遮前后【右滚花六剑开足】，马步之中用此方。

蝴蝶双飞射太阳【右足进步，左（右）[四]手来去二剑，左足进步，左手一刺一晃】，梨花舞袖把身藏【退二步，从上舞下四剑】。

〔一〕钊，据文义，应为『剑』字之误。

〔二〕『剑诀歌』，当辑录明末茅元仪的武备志（以下简称武备志）卷八十六的『剑诀歌』。然此『剑诀歌』源出明代唐顺之的武编前集卷五，原题名曰『剑』。（中国兵书集成编委会编中国兵书集成第30册，解放军出版社，一九八九。）

〔三〕挑，武备志卷八十六作『跳』字，当是。

〔四〕左，武备志卷八十六作『右』字，当是。

凤凰浪翅乾坤少【进右〈手〉[一]足，转身张两手，仍翻手左手一剑，右手来去二剑，左手又一剑，开剑进右足】，掠膝连肩臂两旁。

进步满空飞白雪【从上舞下四剑，先右手】，回首野马去思□【右手抹肩一剑，又作左右手抹脚一剑，抹肩一剑，左手抹腰一剑一刺，右手一□（剑）[二]，□（收）[三]剑】。

战棍

五郎短分，形□（捉）[四]手分，群行皆单头棍，难柱（注），口授可也。

分枪

撒步凤腾令，单臂夜义（叉）[五]行；金纂忽上下，一枪左肋中。

底驼法

枪高且防遇底驼，托柱（住）[六]直进最难□（遏）[七]。彼用托法我用按，按住不动即妙着。

〔一〕手，据武备志卷八十六，应为衍文。

〔二〕原文字迹模糊，武备志卷八十六作『剑』字，当是。

〔三〕原文字迹模糊，武备志卷八十六作『收』字，当是。

〔四〕□，此字难以识别，据文义，疑为『捉』字。

〔五〕义，据文义，应为『叉』字之误。

〔六〕柱，据文义，或为『住』字之误。

〔七〕且，此字难以识别，据文义，疑为『遏』字。

拗步法

拗步原是短敌长，携枪进步凴（鬼）〔一〕着忙。相机一发枪变棍，奇棍下边变奇枪。

锭枪

锭中妙用最难识，停枪不动相机出。敌人不识其中意，先进一枪魂自飞。

锥枪门【雷震子】

震子骑马笑喝喝，风走线路无处捉。要有好枪来敌斗，锥枪等准下死着。

阿蓝锥

阿蓝举枪笑吟吟，身长足跷〔二〕妙如神。欲用此法先用淡，淡开然后得能人。

悬（旋）〔三〕风定

悬（旋）风原是破捥枪，一提一锥最难防。敌人千般来遮蔽，落得手头徒自忙。

定甲锥

定甲亦名金刚锥，势若奔马形若摧。下有枪来上有棍，神若慌兮定然得。

〔一〕凴，此字难以识别，据文义，疑为『鬼』字。
〔二〕跷，脚后跟抬起，脚尖着地。
〔三〕悬，据文义，疑为『旋』字之误。后同。

伏虎势

一伏一起似虎狼，双手捕去势勇强。要知此枪如何用？淡法之中妙用藏。

锥枪用法

底用伏虎高明阿，中平又是定甲多。人人皆知锥枪法，若无淡法非妙着。

散点左右两分

穿指，黄龙三转身【三枪】，迎风抛扇，穿袖，邪（斜）扎定南针，巧女任（纫）〔一〕针，抛枪，天边摘月【奇】，指枪，摔枪，梭枪，搬枪，曲枪，孤雁出群，转枪，拨草寻蛇，青龙入洞，白蛇弄风。

蜂穿花注解破花枪用

彼揽半圈进枪，我即斜步提手扎彼肋，名曰『扎花心』；

彼揽多半圈进枪，我即斜步提手扎彼股，名曰『扎花叶』；

彼揽一圈进枪，我即斜步提手扎彼面，名曰『扎花杆』；

若揽太急，亦可先扎。若轻缓，不可轻扎，恐彼用随法、截法。

四大截枪注解

我枪扎去，彼拿丌扎我，我就一闪，将枪推彼身上，即截法也。上下左右皆然。

〔一〕任，据文义，应为『纫』字之误。

奇枪门

白猿入洞【奇中奇】，兕牛望月【奇中正】，走马回头【奇中奇】，童子献书【奇中正】，白猿摘桃【正中奇】，铁牛耕地【奇中奇】，鹞子挟胸【奇中奇】，白牛耕地【奇中奇】，独龙取水【奇中奇】，蜈蚣钻地【正中奇】，火焱钻心【奇中奇】，奇枪根子【奇中奇】，降龙帖【奇中奇】，黄龙卧道【奇中正】，任枪【奇中正】，身歪枪斜【奇中奇】，身正枪斜进【正中奇】，身歪枪正进【奇中正】。

枪法甚多，难以悉注神明，此于随心变化，相机而动，不可终穷矣。

四封四闭

上下定法、按法、撑法、借法、并法、驼法、随法、淡法、闪法。

以上十条，乃初学之要法，当先讲究明白，然后再学枪点，方不失规矩；又当运用于战法之中，方不失法中之妙也。不然，大纲巳（已）失，虽有此数法，亦难自保矣。枪法至此，可谓成矣！

中和枪

心神传我中和枪，无影无形无柔刚。

浑沦一体太极象（像）〔一〕，令敌无处测阴阳。

〔一〕象，据文义，似为『像』字之误。

论贪多之弊

用功固不可怠忽[一]间断，又不可贪多务广。彼怠忽者，固无成矣；而贪多者，往往未启其端而欲深其终□（末）[二]就乎此，而忽志在乎彼，是以虽复终日勤苦不肯休息，而意绪匆匆，常若有奔趋迫逐，而无从容涵养反复揣摩之功。无论见闻之未必多且广也，即所见已多，所闻巳（已）广，而卤（鲁）[三]莽灭裂，终无以识妙理之精深，其与怠忽间断者亦何异之有哉？学者多有此病，故录之以为戒耳。

战断注解

战者，粘也，彼动我亦动，彼止我亦止，如粘于彼杆上也。

逍遥者，不刚不柔、悠悠自得之象也。

退步搭枪者，退向后退，轻轻搭于彼枪上也。不退，则离敌人太近，恐敌用转法扎来，封闭不及；用轻力者，取其易于活动，可乘其将转未转时而扎之也。

似夺枪者，身微退后，似夺物也【此是身力，非手力】。

撑按随驼者，若高来则撑之于身外，或向左右，或欲退去，得扎即扎，不得扎则随之。在我枪下则按之，

〔一〕怠忽，怠惰玩忽。

〔二〕原文字迹模糊，据文义，疑为『末』字。

〔三〕卤，据文义，似为『鲁』字之误。

在我枪上则驼之，皆不可用力太过【大主意】。

左右两分者，从下分我手，我用手一按，退步向一带，彼枪自落地矣。

千枪万枪皆有战者，言枪皆当有此法也。

无战如同网无纲者，言此枪不可离彼枪，离则懈，懈则必失矣。即枪法熟练者，至此以无以自保也。

降龙者，用横身之势按住我枪，诓我也，识其势而不动，则无奈我何矣。

此虽注解大略，而规矩之细、得心之妙，尤不能注之于书者，似得口授。学者若专心致志，返（反）复推求，亦可以神而明之，变而通之，何必耳提面命也！故曰：徒学不思是罔然，莫罢此书当等间（闲），谁能识得其中理，无异觌面〔一〕新手传。

枪有九接九不接。九接者，一见接住，看其动转有病，然后扎之，此先用战之法，虽得人不疾，而自保则有余也；九不接者，将枪摇动不与相接，观其面色，如欲扎我，我先扎之，如不得力，恐有所失，则急用战法以自保矣。此后用战之法也，虽得人甚速，而自保稍不足也。

起形断注解

起形者，承敌枪欲出未出之时，将枪急搭彼杆上，身腰向后斜转四五分，彼枪巳（已）开寸余，身向下一落遂一起，轻轻将枪一登，如鸟欲飞而登枝也，此借、淡、登三法，甚巧，必细心摩想，然后可得，粗则难成。

〔一〕觌面，有当面、见面之意。

底驼者，右腿一跪，左足前进，枪向彼身一扭也。此是扎中带驼，不是驼后方扎也，须知之。

歪身者，因驼枪太疾，不及封闭，故歪身大闪，用奇中奇以破之。

战断是接住扎，故用粘法；起形是离开扎，故用登法。二断，此枪法之大纲，于此有得，方可博闻广见，以企于大通之后，遂心变化，乃为有益。不然，虽多亦何能为哉？

平断注解

平断者，用骑马势从中门进枪，敌人若顺杆扎来，则就势一领【是要（腰）〔一〕力】，彼枪自开，我枪可复进。若来带横力，当用搬枪法；若巳（已）过我前手，当用屈法。彼若先用搬法，我可用自吊以破之。

或曰：『吾闻一门之中原有千变万化，此数枪似不足以尽其妙也。』予曰：『变化多端，岂能尽录，不过举一隅耳。使由此而推广之，观来势之缓急，就势破势，因法破法，自有无穷之变化寓乎其中，在人之思与不思耳。』

望月摘月，皆扭身取目之法，其形甚难𨀕〔二〕，口授可也。

或问：『平断足用否？』予曰：『足用。』又问：『此不过中门一法，若从上下进枪，恐无法以应之。』予曰：『敌取我上，我取其中；敌取我下，亦取其中。我必先到，彼必落后，盖以中门之路近也。虽

〔一〕要，据文义，似为『腰』字之误。
〔二〕𨀕，此字难以辨识，待考。

不顾上下，较之顾上下者，得人更捷矣。』

奸断注解

奸者，全不用力，有奸意也。

接枪者，我枪粘住彼杆，彼进我退，彼退我进，彼急我亦急，彼缓我亦缓。随人之势，借人之力，以得人也，与战断相似。此止在中门也。

法甚细难破，用奇枪向左右闪开，方能解围。此断（端）〔一〕得口授。

力断注解

首抵金枪捥断扬。捥断者，即挽手也。

退手者，我竿（杆）粘住彼杆，随其猛力，身微后退也。

躲步者，足向左斜进身，向左一转，以刺肋也。

青龙入洞者，身后退，枪向右一搅，然后直进也。

囚地金龙者，忽起刺头也。

火龙三掇者，身向左一转，手向面上一拧三花也。

柔刚滚者，先柔而后刚，从左向里一滚也。

立水者，右手高起，进步刺足也。

〔一〕断，据文义，或为『端』字之误。端，副词，有确实、到底之义。

或问：『枪近敌面，何不急扎？又用拧枪虚慌（晃）〔一〕之法，何也？』予曰：『我枪老矣，急则又实矣。恐彼一闪扎来，难以自保，不若〔二〕待其再动而破之，观其神荒而扎之更妙也。此兵法中不肯深入之法。苟于枪法有得，而兵法可知其略；于兵法有得，而枪法自在其中矣。』此可为知者道，不可为不知者言耳。

穿堂断注解〔三〕

一接一挫者，敌枪欲出之时，用枪接住彼竿（杆），向后微领寸余，遂将手一滚，挫其身也。

怕遇截枪者，恐彼横截我也。

半进半留者，枪近彼身，留住不扎也。

截若来时用奇伤者，用奇破截也，用截破截亦好。

飞断注解

斜步一跃者，先将枪登开，遂即斜跃也。

横进枪者，刺其身傍也。

鹞子挟胸者，右腿斜进，左腿跪，扭身反扎也。

〔一〕慌，据文义，疑为『晃』字之误。后同。

〔二〕若，有如的意思。

〔三〕『穿堂断注解』一段字迹不一，似为不同的人所写。

悠断注解

人若太多，直扎不行，故用悠法慌（晃）之，使敌人不知我扎谁也；然后舍近扎远，出其不意，攻其不备也。

指枪者，形似手指物也，前后左右皆可用。至于捽枪、斜枪、奇枪、奇棍、伏枪、截枪，其中多用之，不可不知。

梨花断注解

梨花搭枪即登开，右手一拧似梨花乱动也。怕从花中破我，拧枪之时，必看敌人神情，若欲扎来，必先截之。使花枪者，不能知此，是失其大要矣，虽纷纷万点，亦何能为哉？

敌人若来老里一搭，急用奇枪扎之。敌人亦用此枪，我且不可招架，静用待法，待其来扎，然后破之。剑经云：『彼忙我静待』[一]，亦此意也。

大蟒摇头注解

大蟒者，形似大蟒，故因以为名也。

横那（挪）[二]者，用飞法，飞于敌人身上也。

难捉摩（摸）者，敌不知我从何处而进也。

〔一〕剑经是明代抗倭名将俞大猷所著的一部棍术专著，中有『彼忙我静待，知拍任君斗』一语。

〔二〕那，据文义，当作『挪』字。后同。

揭腕者，扎其手腕也。摇动之时，专看敌人之精神，若欲扎我，我先扎手腕以截之。

似龙吸水也（者）〔一〕，其形若龙之吸水也。

一进便退者，枪将进而身先退也。此是进枪不进身之法。进身不进枪，进枪不进身，剑法亦如此，当知之。

哪叱（吒）枪注解

风火者，风枪出火也；转轮者，二足如登车轮也。有似哪叱（吒），故因以为名。

用纸筒实花药于内，顶上抹黄天硫，缚筒于枪上，敌将枪一摇，药自燃，即出火伤人目。黄天硫、朱砂打成火箭伤人，亦是此法。

步大枪摇左右轮者，大步横走，将枪轮动似棍形也。

下数枪名显，可不必解。

凤凰出榜注解

凤凰出榜者，枪头相接向下一点，遂即侧身直进也。搭似落枝，起似登枝。搭枪要轻如鸟落枝上，起似鸟飞如登枝也。

童子献书者，右腿跪，左腿前进，扬枪刺喉也。

歪身进枪者，身向左倒，以刺肋也。

〔一〕也，据文义，似为『者』字之误。

持枪𠑹（严）稳者，非端方正直持枪不动也。

用四平杆战住中门，有承、定二法在内，故能藏其身也。

五虎断散者，用五断以散其势也。

金纂一动龙三献者，摇动似龙也。

蜈蚣钻地者，敌人按住我枪，向左一截，遂向右一转，左腿一跪，枪向上一崩也。

独龙取水者，彼用蜈蚣钻地从右扎来，我向后一带，彼枪一落，闪过我枪，又从左扎来，我枪按住彼枪，向右一截，遂向左一转，左腿一跪，扬枪刺彼喉也。

鹞子翻身者，身向后张，用单手来刺也。

双手一捕者，身右转，枪左扭，闪出彼枪，身忽起，向前一捕以锥之也。

左脚横蹄者，此时封闭不及，又不能闪，故用脚飞我枪，遂举枪刺来，我急歪身闪过，自无伤矣。

奇枪

藤萝缠枝，穿花取药，拜佛听经，凤凰摆头，仙人指路，青龙入水，凤凰展翅，太公钓鱼，家书投涧，刘令（伶）[一]醉倒，萧何追信，回马荐诸葛。

〔一〕令，据文义，疑为『伶』字之误。

奇枪

反弓背箭，劈山救母，金风扫地，登梯摘月，白猿献果。

奇棍

太山[一]压顶，白蛇吐信，截江大战，波心变龙，过江斩蛟，一跃成龙，白鱼跃舟，仙人点头，老僧主仗（拄杖）[二]，点手换将，化鹤归洞，穿山求贤，黄龙转身，张良奔山，鱼郎追舟，鸟散绕树。

棍敌枪

太祖占粘，乌龙深（探）[三]海，童子拜神，顺风扫叶，古树盘根，锦鸡跷足，台前挂剑，白蛇扑地。

敌前后二人法

枪棍并用，迎门刺右，古月沉江，孟奔（贲）[四]拔角，深海舍身，单鞭救驾，立劈孔秀，伯（霸）[五]王举鼎，迎门刺左，颠鸾倒凤，天王托搭（塔）[六]，白虎跃洞，青龙摆尾，原璧归赵，一伏解千秋。

〔一〕太山，出自《谏逐客书》，即泰山，位于今山东省泰安市。
〔二〕主仗，据文义，疑为『拄杖』之误。
〔三〕深，据文义，应为『探』字之误。
〔四〕奔，古文中通『贲』字。孟贲，战国时期卫国的勇士，相传他力大无穷，与夏育、乌获齐名。
〔五〕伯，古文中通『霸』字。
〔六〕搭，据文义，应为『塔』字之误。

敌四五人四面齐来法

一字横来，飞步击头；尾来救应，舍头击尾。四面齐来，速跳出围；欲斗百鸟，先学跳腿。枪棍虽善，非此不美；前后尖步，横跃为飞。

扎镗法

未入镗口，宜摇动以慌之；已入镗口，宜用并行。何为并行？曰：在上挫来，我用力向上一撅；在下挫来，我用力向下一摔；在右挫来，我用力一推；在左挫来，我用力一搬。自向后一扭，俱要镗近前手，方可用之，恐用转还破我也。

扎刀法

刀之善敌枪者，莫过于粘法。未粘我枪，用藜（梨）[一]花以慌（晃）之，视其神惊而扎之；已粘我枪，不可慌，不可退后，亦用战法战住，待其欲进而扎之。双刀撑枪而进，用并行捥手破之。若忽入我怀，不可慌，用奇［枪］[二]破之。枪当剑使扎刀更妙。

或曰：『枪法有穷乎？』孙子曰：『凡战者，以正合，以奇胜。』[三]善出奇者，无穷如天地，

〔一〕藜，据文义，应为『梨』字之误。后同。
〔二〕枪，据文义所补。
〔三〕『凡战者，以正合，以奇胜』一句，出自孙子兵法·兵势篇。

不竭如江河。终而后复始，日月是也；死而复生，四时是也。殸（声）〔一〕不过五，五殸（声）之变，不可胜听也；色不过五，五色之变，不可胜视也；味不过五，五味之变，不可胜尝也。战势不过奇正，奇正之变，不可胜穷也。奇正相生，如循还（环）〔二〕之无端，孰能穷之哉？枪法出于兵法，兵法无穷，然则枪法独有穷乎？

又问：『何为奇正？』曰：『兵法以对面交战为正，旁兵设伏为奇。』

曰：『奇正之法已闻命矣。交战之时，当先若何？』曰：『一要入界宜缓，则自活变；二要攻彼愿顾我，我身手方有一定之地；三要视敌之强弱，敌强则速去为高。孙子曰：「善败亦胜也。」〔三〕敌弱则与战，无轻敌速进，堕〔四〕诈术也。』

曰：『用功之初，当若何？』曰：『功夫原有次序：曰指界，指界之后曰活身，活身之［后］〔五〕曰活步，活步之后曰运力，运力之后曰用功，用功［之后］〔六〕曰知势，知势之后曰知法。枪枪用力，处处皆活，此用功之略也。』

〔一〕殸，此字难以识别，据文义，应为『声』字。后同。
〔二〕还，据文义，当作『环』字。
〔三〕『善败亦胜也』一句，不见于孙子兵法，棋经十三篇有『善败者终胜』的说法。
〔四〕堕，有落或掉的意思。
〔五〕后，据文义所补。
〔六〕之后，据文义所补。

曰：『枪来太缓，当若何？』曰：『缓则多诈，宜退步搭枪以观其变。』

〔曰〕[一]：『过急，当若何？』曰：『此人心无韬略，惟持猛力，用奇破之，可保必胜。』

曰：『前后二人齐来，若何？』曰：『用裁枪之法，转身破之。』

曰：『四人并至，若何？』曰：『非向傍跳，不能脱危。』

曰：『〔四〕[二]面齐来，当若何？』曰：『有百鸟斗凤之法。』

曰：『其法如何？』曰：『难言也。必将前注之法一一练熟，以至于随机应变，变化无穷，然后可学耳。不然，教之亦无益也。』

曰：『可闻其略乎？』曰：『其理可言也。敌人虽多，其中有巧拙精粗之不同，舍精而取粗也。当先观其熟（孰）[三]为巧，熟（孰）为拙，熟（孰）为粗，宜避巧而趋拙，舍精而取粗也。且其来又有前后远近之不同耳，又当舍前而扎后，指左以打右，舍近以图远也。』

曰：『其理固当如此，而所用之法，孰居其多？』曰：『悠断、藜（梨）花断、大蟒摇头、哪吒，此其所择而用之。外用指枪、捽枪、锥枪、抛枪、奇枪、奇棍、滚身飞步、跳步、尖步，庶乎可以出危矣。』

曰：『有定法乎？』曰：『学时有定规矩，用时无定法。』

〔一〕曰，据上下文格式所补。

〔二〕四，据文义所补。

〔三〕熟，据文义，当作『孰』字。后同。

『不注之于书，何也？』曰：『非口授不可，故不注书。』〈何也曰非口授不可故不注书。〉〔一〕

曰：『自战断至龙形已注解详明矣。虎形以下何以不解？』曰：『〈曰〉〔二〕下所用之法，前已解清，故不解耳。』

曰：『前法我知其大略矣。独承、定二法，尚不能悟。』曰：『承即接也；定者，接住敌枪持而不动也。心怀欲扎之势，二目窥其神情，见其欲动之机，即急扎之。故曰：后人发兮先人扎至，顺人势兮借人力，此之谓也。』

曰：『我败敌追，若何？』曰：『凡人胜则多骄，骄则不无粗心之失矣。追则用猛力，猛则无节制，用伏枪破之必矣。』

『追敌，若何？』曰：『昔曹刿战齐于长勺〔三〕，齐师败绩，视其辙乱，望其祺（旗）〔四〕摩（靡）〔五〕，而后追之，盖惧其有伏也。由是观之，〈虽〉〔六〕不可不慎也。故必视其神情惊慌，枪法败乱，然后追之，可也。若将近敌身，又不可太急，恐枪中加锥，急则难闪也。剑经云：「敌夫若惊，我望前功；敌夫

〔一〕据文义，此句应为衍文。
〔二〕曰，据文义，应为衍文。
〔三〕昔曹刿战齐于长勺，事见左传·庄公十年。
〔四〕祺，据文义，应为『旗』字之误。
〔五〕摩，据文义，应为『靡』字之误。靡，倒伏也。
〔六〕虽，据文义，应为衍文。

若形坦，我宜安闭（闲）〔一〕。」』

曰：『敌之真败、诈败我知之矣，何矣以知敌之巧拙？』曰：『观其动静可知。伏牛云：动静者，至相为经纬者也。静不专静所主者动，动不专动所主者静。动而不静，敌知我失；静而不动，亦知我失。莱子〔二〕动静用权，惟恐敌失动而无静，静而无物也。动而无动，静而无静，神也。物则无动，神妙万物；水阴根阳，火阳根阴；五行阴阳，太极四时，运行万物终始。混兮，辟兮，其无穷乎！』

祖传神枪谱序

山登宁西郝氏子柏撰题

尝思古之圣主，文以安邦，武以定国，有文事者必有武备，文武之道固并行而不相悖也。是以孔门有颜子，必有子路；武王有周公，必有太公。

昔武王弔（吊）〔三〕民代（伐）〔四〕罪而枪棒兴焉，始授受此艺于世，后几泯所传。幸吾祖生于清初，好驰马习枪棒，经师百有余人而未获其真，又遍求遐〔五〕方，得捧教于郑师字纯阳，授此枪棒，

〔一〕闭，据文义，应为『闲』字之误。
〔二〕莱子，即老莱子，春秋时楚国的隐士，据说曾书十五篇，言道家之用，史记有传。
〔三〕弔，据文义，应为『吊』字之误。
〔四〕代，据文义，疑为『伐』字之误。吊民伐罪，意为抚慰受害的百姓，讨伐有罪的统治者。
〔五〕遐，远。

遂洗心涤虑，极力研学，始也识其旨归，继也悟其精微，豁然贯通，相为一体，传至余父，父传至余，竟百年日历。

观斯世精如此枪者鲜矣，故不忍独喻学，书于纸以示天下同志者，诚能习学精通，亦可传流于后世；果其悟会贯彻，自有前后出入之妙，更有左右之奇，岂曰小补之哉！

神枪总论【三大纲领】

身法、手法、步法

第一要身法耸直。腿要下曲，足要丁步，两膀侧正，胸腹添（腆）〔一〕出，双手拧枪，头扭于左肩之上，全要膀转身摇，一[illegible]（涌）〔二〕而入。最忌撅臀凹腰，横肩舒背，不成身法，恐其有失。

第二要手法。有阴手，有阳手，有振〔三〕手，有批（劈）〔四〕手，有逼手，有卷手。手背在上为阴手，手掌朝上为阳手。枪在后圈振手而进，枪在前圈批（劈）手而进，进枪须要逼住他人之枪方可进。如逼不住，不可轻进，此逼手也。他人之枪前圈来得甚急，欲退不可，欲进不能，只用前手向后一圈，便自无妨，故名『卷手』。

第三要步法。有顺步，有跃步，有偷步，有缠步，有磨膝步，有点地步。顺步者，左脚在前，右脚在后，

〔一〕添，据文义，似为『腆』字之误。腆，有挺起的意思，与下文的『最忌撅臀凹腰』相对。
〔二〕[illegible]，此字难以识别，据文义，应为『涌』字之误。
〔三〕振，触碰。
〔四〕批，据文义，应为『劈』字之误。后同。

步如丁字，即丁步也。

拗步者，右脚上一步在前，左脚在后，即拗步也。

偷步者，如右脚在左脚之前，退在左脚之后，即暗偷之意也。

缠步者，如身向西行，右脚在左脚之后，回身向东倒步不及，将身一扭一缠而回，右脚便在左脚之前，缠即扭也。

磨膝者步（步者）〔一〕，如拗步相似，但步小腿悬，脚尖点地，身腿下蹲，左脚膝顶靠右脚湾（弯）〔二〕，如相磨一般。

点地步者，顺步、拗步俱要腿悬，脚尖点他（地）〔三〕，取其腾挪闪转活便。若两脚实跕（站）〔四〕于他（地），则转动不能随意，则死腿也。凡进枪，顺步、拗步、磨膝步、点地步俱不可步大，必要精演此步，方可进枪。偷步、缠步亦要熟演，进枪之时，用即好□。

收枪法

凡进枪，将入人怀须要将枪向后一搋，前手把定枪裤〔五〕，后手把定枪杆，方可入人之怀。不然，

〔一〕者步，据文义，应为『步者』之误。
〔二〕湾，据文义，当作『弯』字。
〔三〕他，据文义，应为『地』字之误。后同。
〔四〕跕，据文义，当作『站』字。
〔五〕枪裤，指枪头套于枪杆的套箍。

枪尖顶住，如何能入他人之怀也。

丁步者，前脚竖立，后脚横立，形如丁字也。

六路神枪法歌诀

首路

上四平，下四平，蟠龙奇巧最为能。叶里藏花谁能比，奥妙不与诸枪同。

二路

左大胁，右大胁，虎豹展尾将人吓。串衣解带并摘扭，跃身进步贼必灭。

三路

大亮枪，小亮枪，不遮不架进还枪。有人若破中平枪，十人皮肉九带伤。

四路

不要恍（慌）〔一〕，不要忙，大梨花，小梨花，三军对内相争差。三愰五扎须用□，这边腾那（挪）实堪夸。

五路

大缠丝，小缠丝，前后转安人难支。偷身进步无遮档（挡）〔二〕，千家枪内堪为师。

〔一〕恍，据文义，当作『慌』字。
〔二〕档，据文义，应为『挡』字之误。后同。

六路

龙出水，虎奔山，交锋就用此当先。变幻离奇真可美，不遇良友莫轻传。

神枪入式法

间拿枪

间拿枪者，言使枪有间隙也，又名『始入』，乃初学入始之门也，又名『开枪法』。如使此枪，必须两人，或东西立住，或南北立住，俱要左脚在前，右脚在后，丁字步立住，两手握定枪杆，左手在前，右手在后，扭个四平架势，腿要下曲身要直，竖一前圈开他人之枪，前手向前一刺，后手向内一卷，彼枪自开，我枪向外略出几寸。

人开我枪，我便双手齐举，后手高与（于）[一]前手，枪尖自然点地，一门一扎，一路一起，前后步要推开。开人之枪，前步向前一摊，后步向后一跟，手中枪向前一出，务要照人扎去。

人开我枪，后步向后一挪，前步向后一退一躲，人之枪来后圈。开人之枪，前手一抑，后手向外一翻，枪自然开，步与前圈同；人后圈开我之枪，后手高，前手抵（低）[二]，枪尖点地，步如前圈同。

[一] 与，据文义，当作『于』字，比较之意。

[二] 抵，据文义，应为『低』字之误。

勾还枪

此枪步法、手法、身法、腿法，与间拿大同小异，但速为疾也。勾还者，言勾开即还，无间隙也。

勾似咬

此枪此（比）〔一〕勾还更疾，开枪还枪，毛不容隙，身𨃤（蹲）〔二〕腿隙曲于地，似狗咬一般，故曰『狗似咬』。诸枪尽藏于内，乃一本万殊之意也。

蹿〔三〕跳枪　内圈外圈共两枪

此枪虽系粗恶，然勇猛可观，其势威𠑊（严）。欲学此枪，先壮身体。步如丁字，双手拧枪，迎枪而往。如人劈面一枪，我即大喝一声，后手向内一卷，前手一刺，两膀一愰，『𣴎（哗）〔四〕』的一声，将人枪开过一边，前腿一掬，后腿一蹬，蹿入他人怀内，故曰蹿跳也。

前圈后圈，一样使法。

提路枪　上下共二枪

此枪又名『找枪法』。比蹿跳略细一些。如人照我面上一枪，我便用枪上面一架；人又照我腿上一枪，我又用枪下面一招。上面左手上面招枪，右手在下；下边左手在下招枪，右手在上。上下如我路一般，

〔一〕此，据文义，应为『比』字之误。

〔二〕𨃤，据文义，疑为『蹲』字之误。

〔三〕原文中的『𨅔』字为『蹿』和『撺』的俗字，以下据文义校释。

〔四〕𣴎，此字难以识别，据文义，应为『哗』字之误。

故曰『提路』也。

封逼枪　左右上下共计四枪

此枪名『四封四逼』，比提路略细一些。

如人从前圈扎来，我用前圈开枪而入；彼退后一步，又从后圈扎来，我用后圈开枪而入；彼又退后一步从腿扎来，我便枪尖垂下、枪坐朝上，逼住彼枪，向内直入；彼又退一步，来扎咽喉，我批（劈）枪手法，一身正法，便入怀内了，带躐跳又好。左右、上下封逼嚴（严）紧，故曰『封逼』。

闪转枪　共二枪

此枪人从前边扎来，我向后一闪，彼〈寸〉〔一〕扎空，我枪扎彼；人从后圈扎来，我向前一闪，彼枪又空，我枪又到彼怀；人在两边扎，我向两边闪，故曰『闪转』。

勾缴枪　共二枪

此枪全得手法。如人以枪取我，而我用枪向后一勾勾住，向内一缴，向外一捽〔二〕，故曰『缴』。

夺扎枪　前后两枪

此枪全得身法。如人用枪取我前圈，我方刺枪而进；彼人转在后圈来扎，我身腿向下一蹲，以我枪将彼枪向下一夺，彼枪落地，我枪直入彼怀，故曰『夺扎』，言先夺后扎也。

〔一〕寸，疑为衍文。

〔二〕捽，有揪、抓之意。

回马枪 前后二枪

此枪与人交锋，彼枪力甚勇，难以取胜，我便回马诈败，彼若赶来，我将枪后顺，觑彼将至，我将向后一扭，拧枪取彼咽喉，彼措手不及。两来相就，极难招架，乃诈败取胜之枪也。腿法用磨膝腿，前手向上，正对咽喉，后手向下，枪尖直刺彼咽喉也。

遮前枪

遮前者，前圈遮架人之枪，以便使我枪也。

挡后枪

挡后者，即后圈挡住他人之枪，以便使枪也。凡枪，俱有遮前挡后。如有数杆枪在两头截住，我便用提路找枪法，找住一头，奔出圈子，方可冲敌。如有数杆枪团圆围住，亦是如此使法，故曰『挡后枪』。

明进枪 内外两枪

此枪以我枪刺逼他人之枪，闻声响喨〔一〕，方可进取。此乃寅夜〔二〕交锋也，又曰『托枪』，逼住人枪明白攒入怀，曰『明进』。

〔一〕喨，指声音清远、响亮。
〔二〕寅夜，深夜。

暗取枪 内外两枪

如寅夜交锋，不见人枪，用提路找枪法，自上而下，一提响声，即闻仓（枪）〔一〕可进矣。又曰：二人交锋，身法下蹲，探手取人，曰『暗取』，言不用入怀内也。

推错枪 内外二枪

此枪前圈枪来，双手齐阴，向前一刺曰『推』；后圈枪来，前手一卷，身向下卧曰『错』。小梨花非此不能破也。

蟠龙枪 内外两枪

此枪后圈枪来，身腿向下一蹲；前圈枪来，将身一抖，向外一推，上下如龙之蟠，飞腾跳跃，曰『蟠龙』。大莉（梨）〔二〕花非此不能遮架。

转安枪 内外两枪

我与人交锋，方使前圈，彼圈枪忽转于后圈，欲要取我，专视彼枪方欲转动，我枪向外疾速一出，必中彼手。言彼欲转枪取我，而我安然无事，彼反取败，故曰『转安』。

直进枪 内外二枪

无论前圈后圈，设以人枪来取我，我并不用振手逼人之枪，且将身法担个至平，至直抱枪，竟入彼怀，

〔一〕仓，据文义，应为『枪』字之误。

〔二〕莉，据文义，应为『梨』字之误。后同。

名为『枪里藏身』。此枪比诸枪更细，大非寻常也。

腾挪枪　外圈一枪

人若从外圈取我前手，我将身手向下一沉，彼枪扎空，我便两手一抖，从彼枪下偷过我枪，彼枪让在内圈，将身一起，枪入彼怀，此亦最细之枪也。

迎风枪　前后两枪

彼虽执枪在手，未尝来扎，而我托枪直入，彼虽遮架，不能免吾入怀，此迎枪而入，故名『迎风枪』。

追风枪　前后两枪

如在前圈方进，彼往后退，此乃诓身之计也，我必留神小心，仍向前直追。彼若将枪变于后圈，不可轻进，只将身向下曲，专视其枪来。如过关，方可进；如不过关，不可转进。务要待彼之枪将至吾身，便将身一起，枪入于彼怀，彼逾退逾追，故名『追风』。

上平枪　二亼〔一〕枪

此乃赚枪也，双手擎枪，与肩相平，内藏龙水。

中平枪　诸枪俱藏于内

双手拿枪，身寸腿蹲，紧贴胸前，诸枪皆从此所出。

〔一〕亼：此字难以识别，待考。

下平枪　二枪

双手拿枪，担于腹下，身寸退（腿）〔一〕蹲，外藏硼（崩）〔二〕枪，内藏虎奔山枪。

大亮枪　二枪

左脚大上一步，腿曲身伏，内藏虎奔山枪，外藏硼（崩）枪。

小亮枪　二枪

将左脚大步一收，脚尖点地，身寸腿蹲，如中平枪一般。

左大胁枪　三枪

双手齐阳，后手略高，前手略低，枪尖略垂，前脚尖点地，身腿下蹲，内藏虎豹剪尾与振硼（崩）。

右大胁枪

少上一拗步，脚尖点地，身腿蹲曲，内藏虎奔山枪。

自上平至此，皆故迈（卖）〔三〕破绽，诓人之法也。

大莉（梨）花枪　前后两枪

人前圈遮架，阳手串于后圈；后圈遮架，串于前圈。前后乱圈，串两膀愰动，准照咽喉与面门。

〔一〕退，据文义，应为『腿』字之误。

〔二〕硼，据文义，似为『崩』字之误。后同。崩枪，传统枪法中的基本技法之一。

〔三〕迈，据文义，应为『卖』字之误。

此非蟠龙不能遮也。

小梨花枪　二枪最细之枪

人前圈招架，阳手串于后圈；后圈招架，阴手串于前串。前后乱串，准刺手背于虎口。此非推错不能架也。

大缠丝枪　二枪

此枪亦是阴手、阳手，前后乱串。但前圈前后手推开后圈，前后手振开，大大压住他人之枪，准刺两胁，前后一样使法。揽来揽去，如相缠，连接不断，任人招架，再不得开。故缠丝前圈，以离奇枪破之；后圈一破，变幻枪破之。此二枪非离奇变幼（幻）〔一〕枪不能档（挡）也。

小缠丝枪　二枪

此枪与大缠丝同，但推手、振手略小些。小小压住他人之枪，准刺手腕与肘。前圈以叶里藏花破之，后圈以精微奥妙枪破之。

龙出水枪　二枪

如使前圈，将身抖起，将枪一托，又将身向下一卧，将枪『霎』的一出，取人最疾。后圈亦然，如龙出水中也。

〔一〕幼，据文义，应为『幻』字之误。后同。

虎奔山枪　二枪

此前圈人之枪来，将后手向里一卷，前手一阴，两膀一愰，哗朗〔一〕一开，名曰『虎展尾』，一步蹿入被（彼）〔二〕怀；后圈人之枪来，后手向外一扭，前手向内一卷，身腿向下一蹲，彼枪开在一边，一步蹿入彼怀，似虎上，一伏而上也。

摘扭　前后二枪

三法纯热（熟）〔三〕，枪学精微，托枪直入人怀，用收枪法。前手握住枪刃之下，用指逼定枪锋，将项下扭摘而下，不伤皮肉为奇。

解带枪

此枪只有前圈一枪，亦是入人之怀，手逼锋刃，以枪尖挑人项下帽带，向外一割即断，皮肉不伤为奇。

离奇枪　二枪

此枪可破大缠丝。如人前圈来扎，大押我枪，我身手下沉，彼枪过关，我便一逼就进入怀内。言人以奇枪取我，而我能离彼之奇也。

〔一〕哗朗，似为拟声词，有『哗啦』之意。

〔二〕被，古文中通『彼』字。

〔三〕热，据文义，应为『熟』字之误。

变幼（幻）枪

此枪可破大缠丝后圈。如人后圈来扎，大押我枪，将枪向上翻，向外一攘，我即入人怀。言人以奇枪取我，而我能变幻也。

不遮不架枪　二枪

言人果能枪里藏身，任人如何扎，而我自不用遮架，便能进矣。

不慌不忙枪　二枪

如果枪能藏身，任人如何凶恶，而我自不惧。

精微奥妙枪　二枪

如人从后圈少压我枪扎来，我枪欲翻，恐硼（崩）他枪，我枪少停，彼必跃身而进，速用拈转法，以进彼枪。彼枪若不变，我便直入；彼枪若变，前圈少压我枪而进，即速用抽枪法，将我枪向后以收，即抽枪法也。如彼枪在我身外，将近身已至，我便身手向下一沉，彼枪必然过关，可称（趁）〔一〕机而进，此乃棋逢对手也。此破小缠丝后圈法也，言彼枪精微，我以奥［妙］〔二〕破之也。

叶里藏花枪　二枪

如人从前圈少压我枪扎来，我只身手下沉，似欺敌〔三〕一般。彼枪将至吾身，我用阳手变为阴手，

〔一〕称，据文义，当作『趁』字。
〔二〕妙，据文义所补。
〔三〕欺敌，有哄骗对方之意。

一批（劈）而进。彼又变于后，少押我枪扎来，我速用拈转手法，一拈就刺。彼若不妨，吾便竟入；彼若妨（防）〔一〕备，定以硼（崩）枪破之。此乃破小缠丝前圈也。此乃棋逢对手之枪也，此言其如叶中藏花也。

勾似咬枪

诸枪精熟，当求一贯之法，必精演此枪，将诸枪贯通于内，愈习愈精，乃万殊之一本之意也。必如此，则神枪可谓尽矣哉！

〔一〕妨，据文义，应为『防』字之误。